本书受到以下项目资助：教育部人文社会科学研究青年基金项目"强表征主义下的身体感觉和情绪研究"（18YJC720007）；西安建筑科技大学研究生课程建设项目"科学哲学"（KC202009）；2020年度西安建筑科技大学科技基金项目人文社科专项"当代心灵哲学'表征'研究的目的论进路"（序号11）

现象意识和表征的可分离性

——以身体感觉和情绪为例

蒋薇 著

中国社会科学出版社

图书在版编目（CIP）数据

现象意识和表征的可分离性：以身体感觉和情绪为例／蒋薇著 . —北京：
中国社会科学出版社，2023.7

ISBN 978－7－5227－2313－6

Ⅰ.①现…　Ⅱ.①蒋…　Ⅲ.①现象—意识—研究　Ⅳ.①B025.1②B842.7

中国国家版本馆 CIP 数据核字（2023）第 137734 号

出 版 人	赵剑英
责任编辑	朱华彬
责任校对	谢　静
责任印制	张雪娇

出　　　版	中国社会科学出版社
社　　　址	北京鼓楼西大街甲 158 号
邮　　　编	100720
网　　　址	http://www.csspw.cn
发 行 部	010－84083685
门 市 部	010－84029450
经　　　销	新华书店及其他书店

印刷装订	北京市十月印刷有限公司
版　　次	2023 年 7 月第 1 版
印　　次	2023 年 7 月第 1 次印刷

开　　本	710×1000　1/16
印　　张	14.25
插　　页	2
字　　数	178 千字
定　　价	88.00 元

凡购买中国社会科学出版社图书，如有质量问题请与本社营销中心联系调换
电话:010－84083683

目　　录

导　言

一　引子

　　只要生活在这个世界上，我们总会经历各种各样的感受
（feelings）。这些感受可能是愉悦的（pleasant），也可能是不悦的
（unpleasant）。它们千差万别，并在人生的不同时刻、不同场景
下，显现于个体的心灵当中。可以说，这些变幻莫测的感受，以
它们特有的方式，界定并刻画了我们活着的感觉。当然，我们也
可以说，恰恰是由于活着，我们才能拥有并体验到那些或美好或
痛苦的感觉。那些感觉如此私人，但却构成了人与人之间共情的
基础；那些感受难以测量，但对于个中主体来说却真真切切。也
许正是由于它们如此多彩多样，才会被各个时代的作家注意和记
录，并以妙笔生花的技巧写入伟大的作品中；也许正是由于它们
如此难以捉摸，才会受到心理学、心灵哲学、自然科学研究者以
及每一位普通人的特别关注。

　　我们有时会经历撕心裂肺的疼痛（pains），也会感到无法忍
受的恶心（nausea）；会有回味悠长的愉快（pleasure），也会有抑
制不住的兴奋（excitement）；会体会到深深的悲伤（sadness），
也会经受难与人言的抑郁（depression）。这些感受独特而有别，
以至于它们的出现意味着许多不同性质的体验。在显著的意义

上，这些体验促进千千万万个体心理生活的铸就，甚至以直接或间接的形式涉入我们的道德与审美生活。而且，我们有理由相信，不只人类有这些感受，许多动物也有不少类似的感受。大概也正是基于这样一种假设，我们才能尝试理解动物千奇百怪的行为。

上述感受，有的属于身体感觉（bodily sensations），比如疼痛、恶心等，有的属于情绪（moods），比如悲伤、抑郁等。既然它们对心灵生活如此重要，我们便不免好奇，并想要探究这样一个基本问题：身体感觉和情绪的本质是什么？不仅如此，我们也希望弄明白，其他相邻的心理状态如知觉（perceptions）和情感（emotions），它们的本质又是什么？这些问题虽看似宏大，但却是典型的、基本的哲学问题。对这些问题的回答，是我们解释心灵的必要工作之一。不过，在本书中，我并不准备对这些问题直接回答，而是会借助相应的学术背景和争论，并结合大量自然科学解释，对它们做出尽可能清晰的探索。一方面，这能够尽量使问题更加精微具体，不至于空泛无边。另一方面，这也有助于提供一个相对稳妥的基础，使得我能够对我一直关心的相关学术问题给出自己的见解和回答。

出于各种原因，心灵哲学和心理学等领域，对以上心理种类都做出过不同角度的探讨。本书的切入点就来源于其中一种哲学立场——强表征主义（strong representationalism）。这种立场的主要观点并不复杂，大致可总结为以下两点：第一，所有的现象意识（phenomenal consciousness）（如知觉、身体感觉、情感、情绪等）都是表征（representation）。① 第二，现象意识的现象特征（phenomenal character）或现象性质（phenomenal qualities）都等

① 我认为，知觉和情感并不一定包含现象性（phenomenology/phenomenality）。后面我将会对此专门讨论。这里仅述强表征主义的观点。

同于相应的表征内容（representational content）。其论证也以此为顺序。无论关于上述第一点，还是第二点，强表征主义所招致的批评都不少。第二点所招致的批评还要更多些。（Block，2005；Aydede，2005）但本书所关注的问题主要涉及第一点。[①] 这出于两个理由：首先，就强表征主义而言，从论证上看，其第一点是第二点的基础，有了第一点，第二点才得以可能。因此，第一点更为根本，也自然是我的主要关注对象。其次，第一点涉及对相应心理种类进行定性并刻画其本质特征的问题，这与上面提到的基本问题，即身体感觉、情绪、知觉和情感其本质为何的关系更紧密，所以对第一点的探讨也吻合这些基本问题的出发点。

本书中，我将在这样一个学术背景下，以相关讨论为线索，围绕身体感觉、情绪、知觉与情感这样的心理种类，结合表征的基本概念和标准，展开心灵哲学层面的探究。我的主要观点如下。

（1）身体感觉和情绪并非表征，但仍是现象意识。

（2）现象意识和表征是相对独立的。

（3）不同于强表征主义对心理种类的划分方式，我认为，身体感觉和情绪属于现象意识，知觉和情感则本质上属于表征（尽管它们有不少时候也伴随一些主观感受，但仍可脱离现象意识而存在）。

这样看来，本书虽然想要回答身体感觉和情绪的本质问题，并希望在相关的学术背景之下探讨身体感觉和情绪是否为表征这一具体问题，以及知觉和情感在本质上是否包含现象意识的次生

---

① 这并不是说，我一点都不会涉及现象特征或现象性质，现象意识之所以是现象意识，恰缘于其有那种特别的感觉或现象特征。因此，后文中讨论表征与现象意识的相对独立性时，我所关注并给出的无现象意识的表征（representation without phenomenal consciousness）及其例证，就是指那些不包含特别感觉的表征。在此意义上，本书仍会多少触及第二点，只是不会专门去探讨现象特征是否等于表征内容这一问题，因为，当在强表征主义的相关语境中开始讨论这一问题时，似乎特别容易假定并承认这样一个前提，即现象意识是表征。可这一前提正是我在本书中的主要反对目标。

问题，可实际上，本书也涉及如何处置心灵哲学中的两个重要议题（issues）——表征和现象意识，尤其是它们的各自范围及二者之间关系的问题。

　　这就需要我们认真地对表征和现象意识的相应特征做出说明。在我看来，表征着重于心灵的指向性（directedness）和认知（cognitive）层面，现象意识则着重于心灵的特定感觉（what-it-is-likeness）及心灵的主观感受特质。这当然是在近几十年来已有的讨论基础上得出的，在涉及现象意识方面尤甚。（Nagel，1974；Block，1995；Chalmers，1995，1996；Levine，1983）今天看来，几乎大家都认同，现象意识是指"那种特定的感觉"。而关于表征，其具备（也应该具备）语义特征（semantic features）和表征内容，对这一点我并无疑问。但我对一种常见的涉及表征的观点虽然表示理解，但是却有所怀疑。这种观点即表征可以用关于性（aboutness）来定义。或者说，某物有关于性，即可认为是表征。这种观点的问题在于，许多事物都可以具备关于性但却不是表征；关于性可以是人为的、任意的、涉及多个对象或可能对象的，表征则似乎只涉及某个特定的对象。比较而言，比关于性更合适的一个表征的评判标准或许是指向性。指向性也算不上特别精准，因为，显然有不少事物都具有指向性但仍非表征。不过，指向性相对较有优势的地方在于，其往往是针对一个特定对象而言的，这比关于性可能涉及的较为宽泛的对象范围要窄。此外，在判定某物是否为表征时，其是否具有认知内涵或认知层面，在我看来也是特别重要、但却并不特别为人所注意（甚至不注意的话还会被纳入到现象意识）的表征的一个特征。相关的分析在本书后面都会出现。无论怎样，现象意识与表征各自的表现如何、它们的关系如何，同样会是本书关注的重点。

　　那么，回到强表征主义的第一点观点，我们可以问这样一个问题：是否知觉、身体感觉、情绪及情感都是表征？结合已有反驳和例证，我将指出，首先，至少身体感觉和情绪不是表征；其次，知觉和情感虽然是表征，但却不必然有现象性①。可见，现象意识和表征具有可分离性。因此，不但强表征主义这一立场并不牢靠，我们也应该重新看待现象意识和表征的关系。

二　本书关注的两个核心问题

本书的大致框架是，借助强表征主义的第一点观点作为切入点，针对性地（如有必要，在特定的情况下独立地）处理两个核心问题。

1. 身体感觉和情绪是表征吗？

2. 如果身体感觉和情绪不是表征，是否意味着现象意识与表征是可分离的，又是否存在其他例证？

问题 1 来源于强表征主义的相关争论。对强表征主义的反驳路径之一是给出反例。一部分反驳者认为身体感觉是强表征主义的反例，（Aydede，2005；Block，2005）另一部分反驳者认为情绪是其反例。（Kind，2014）本书在这一学术争论的基础上，通过与反驳者并不完全相同的分析和研究，指出身体感觉和情绪并非表征。问题 1 又可分为两个分支问题。

（1）身体感觉是表征吗？

（2）情绪是表征吗？

本书将结合心理学等学科的进展，对这两个问题做出详尽的探讨。本书对身体感觉的探究主要集中于疼痛，也会涉及痒、恶心等其他类型的身体感觉。对情绪的探究主要集中于焦虑（anxi-

---

①　这里的现象性不同于现象学意义上的种种限制性定义，而是指现象意识所具备的那种特定的感觉。

ety）和抑郁，也会涉及兴奋、悲伤等其他类型的情绪。基于自然科学解释和哲学分析，以及表征的满足标准，本书将指出：

（1）疼痛等身体感觉不是表征；

（2）焦虑等情绪也不是表征。

我的基本观点是，现象意识和表征是心灵的两个不同方面，前者以特定的感受为表现，后者以心理内容为表现，但特定的感受不等于心理内容，心理内容也区别于那种特别的感受。现象意识和表征都有主观特征。前者的主观特征更强，后者既有一定的主观性也有一定的客观性（或具有反映或试图反映外界客观事实的特性）。因此，如果将现象意识等同于表征，那么就意味着要取消现象意识的本来特征，而认为心灵的所有方面只有表征（尤其是表征内容）。反过来，如果将表征等同为现象意识，那么就意味着要取消表征的本来特征，而认为心灵的所有方面只有现象意识（尤其是那种主观感受性）。无论上述哪一种思路，都既不符合直觉，也缺乏真正令人信服的论证基础。

在我看来，知觉和情感都是表征，因为它们总是包含着表征意义上的心理内容。虽然与塔艾等人类似，不少人会将知觉和情感看作现象意识种类，但在后文的讨论中我们发现，无论知觉还是情感都有不伴随现象意识的时候。我们发现，既存在无现象意识的知觉（perceptions without phenomenal consciousness），也存在无现象意识的情感（emotions without phenomenal consciousness）。可见，现象意识和表征是可分离的。不仅如此，作为典型表征的记忆和思想，似乎显得更加独立于现象意识。记忆和思想本质上不带有现象意识尤其是那种特定的感受，这是广泛被认可的一种观点。不过，依然有人对此提出了异议。（Horgan, 2011；Montague, 2015）后文中，我会就此专门进行讨论。

就强表征主义自身来看，塔艾等强表征主义者常常预设这样一种表征理论，即表征的因果共变理论。这种理论本身存在问题。它的主要问题就是，其难以解释错误表征（misrepresentation）或表征的语义特征（即表征有真实与非真之分）。（Burge，2010a）不过，由于强表征主义的主要观点是，所有他们所认为是现象意识的心理种类实际上都是表征，而这一观点严格意义上可以独立于其关于表征（尤其是表征内容）如何形成的理论，而本书的重点又恰好是身体感觉和情绪是否表征这一问题，因此我不会在这里特别讨论表征（尤其是心理表征）的因果共变理论，或任何强表征主义者所接受的、关于表征如何形成的理论。

三　本书采用的方法

本书是一本哲学著作，因此我所采用的基本方法是哲学分析和论证。但由于所涉主题是我们的各种心理状态（尤其是身体感觉和情绪），所以我会参考心理学、脑科学、神经科学、医学等研究进展，也会在甄别和判断之后引入相当的自然科学证据。

总体而言，本书所采取的方法论或研究方法如下。

1. 哲学式的概念分析和论证。就哲学传统来看，哲学家所擅长的方法既不同于依赖严格的经验观察及实验结果的自然科学，也不同于数学、逻辑学等高度符号化的演算、推论和证明。哲学方法毫无疑问是抽象的，但这种抽象主要是针对事物本质的推定和理解。近年来，"椅子上的哲学"（armchair philosophy）这种哲学方法常为人诟病，且这种说法本身也带有讽刺性意味。大体上，"椅子上的哲学"是指不关注自然科学和其他相关领域进展，仅以沉思和反思为主要思维方式的哲学工作方法。这种批评当然有其价值。至少，对于一些看似依赖沉思实则闭门造车的哲学研究而言，这是一种针锋相对、击中要害的洞见。但是，反过来，全然以自然科学或其他相关领域的研究为准，似乎也不像是哲学工作。哲学研究一定与自然科学研究或其他任何领域的研究有所区别。现在看来，哲学最为重要的方法，其实就是概念分析、范围界定、推导论证等。以心灵现象的研究为例，如果说自然科学关注的是心理状态的解释机制，也即"为什么"（why）的话，那么，我想心灵哲学则更关注心灵的本质为何的问题，也即"是什么"（what）的问题。对"为什么"的问题，自然科学会寻求因果机制，会试图通过心理状态背后的运行机制来寻找对心灵的解释；而对"是什么"的问题，心灵哲学则会通过解释某种心理状态是什么，以及找出其充分必要条件或构成性条件等来作答。这种解释尽管有时也包含描述的成分，但描述的部分往往只是手段。所以，如果真要做对比，心灵哲学与心理学等自然科学不同的地方恰恰在于，其关注心灵本质，而非实验数据、假说检验、治疗策略等。这一过程包括对常识的分析和反思、对个人体验的描述和内省①、对逻辑推理的运用、对自然科学中相关概念的比对和反馈、思想实验等，不一而足。无论怎样，其核心方法必定是哲学式的，也必然包含了大量的概念分析。反倒对自然科学家而言，追问并严格界定某个概念的使用，显得没那么重要，尽管这常常导致不同科学家对于同一概念的使用存在差异。

内德·布洛克（Ned Block）在《心理学哲学读物》（第一卷）（*Readings in Philosophy of Psychology*, Volume 1）中的"导论：什么是心理学哲学？"（"Introduction. What Is Philosophy of Psychology?"）一文中，曾说过一段我深以为然的话：

---

① 虽然内省这种方法可用且事实上常被使用，但是，一方面，对内省的使用仍需做必要的、严格的限制；另一方面，对内省所得的结果也需要进行评估、验证和分析，否则容易出现偏差，而最终演变为一种纯粹个人化的描述。可是，采用看似"个人式"的内省，应该只不过是哲学家达成一般性结论的方法和手段之一。西格尔（Susanna Siegel）在讨论知觉经验的内容时，也对内省方法的功能和有限性做出过分析。（Siegel, 2010, 80）

通常，科学家们自己解决科学中的概念问题。尽管这里所涉技能是哲学家们受训掌握的那种（科学家一般不会受此训练），可只有那些处于科学知识前沿的哲学家，才能带着必需的清晰度看到这些议题。(Block, 1980a, 1)

布洛克指出了两点。第一，哲学家擅长并负责对概念做出必要的分析。第二，在涉及科学相关的议题时，哲学家必须有能力站在科学知识的前沿，才能对相关概念做出有推进意义的厘清。可以说，给出精准的、恰切的、合理的概念分析，是哲学家在科学发展过程中能够发挥的作用。适时并适当的概念分析，会使得我们对事物的认知取得更多进展。而好的概念分析，既不是同语反复，也不是牵强附会，而是通过谨慎的辨析、充分的对比及其对相关对象的深究而完成的。这既不是一件容易的工作，也不是一项保守的事业。其中，可能出现纰漏，也可能没有完全超越已有常识和已有解释。可重要的是，旧有的概念有其旧有的意涵，如何能够做到在尊重其已有意涵的同时，找寻出一些尚未被认识的新的真理。这大概对哲学家而言是一种真正的考验。在这一点上，自然科学家不受限于常识的那种态度，可能是我们真正要学习的地方。① 不过，好在今天的许多哲学家，在吸取科学理论和科学证据的过程中，尝试着以更融贯的思路将自然科学当中他们认为正确的知识转化为更通俗易懂的语言，也许在这一点上，他们并不认为自己与这些科学家在给出关于世界的知识方面，有什么本质上的区别。

2. 参考自然科学和其他社会科学的相关研究和证据。在心灵现象的研究方面，自然科学做了大量工作。正如布洛克所说，只

---

① 正如心理学家罗素（James A. Russell）曾说："有些民间概念最终被锻造为科学工具；其他民间概念对于科学目的而言，则要么太局部，要么欠妥。"（Russell, 2003, 145）

有站在自然科学知识前沿，才能看到相关的问题，并给予它们更深刻的哲学分析。所以，本书会尽可能参考自然科学的最新相关研究和证据。而且，对于真正的哲学研究来说，如果不了解自然科学的进展，不但容易出现裹足不前的情况，还容易产生错误。自然科学研究敢于挑战常识，有实验证据支撑，也常常被证实，这不但是其优势，也是人们信赖科学的原因。但是，自然科学研究（虽然并非所有）也容易出现如下几类问题。

（1）只考虑某种特定学科的解释方式或视角（如神经科学、生物学等），难以对事物的整体、抽象和本质层面做出判断。

（2）有时注重尽可能多的变量和影响因素，反而难以找到清晰的因果解释线索。[①]

（3）没有对相应概念做出更多论证并产生共识就开始使用这些概念。

（4）为了支持某种自己所相信的科学理论从而有所偏好地设计实验，或者甚至为了其他的原因伪造数据。[②]

自然科学进展瞬息万变，质量与水准在短时间内难以评判。有时科学家们自己也在激烈地争论着。因此，在这样的情况下，如何面对自然科学的证据就更为要紧。参考自然科学的证据，决不意味着不加选择接受。

哲学家与科学家都声称自己在追求真理。对于同一个研究对

---

① 第一类问题和第二类问题看上去有些矛盾，但在不同的研究领域确实可能出现这两种不同的问题。比如，就第一类问题而言，生物学领域可能会从基因型和进化的角度理解生物体的状态和变化，化学领域可能会从化学元素反应的角度理解有机物等，人工智能领域则可能会关注模拟和算法，这些视角都是特定的，因此易于局限于那种具体视角本身，反而难以对一些问题做出本质性回答。就第二类问题而言，举例来说，心理学当中的一些研究既考虑遗传因素，也考虑性别、文化背景、教育程度、社会规范等等，看上去似乎什么因素都纳入考虑了，却又难以总结出一套明确的观点、立场或者解释模式。又如，有些人类行为研究似乎给出的更多是统计意义上的相关性（statistical correlation），但却并未给出前后相继的因果关系。

② 这种偏好式（或带有先入为主的理论信念）的科学研究，及近些年来的一些自然科学研究的负面新闻，确实在一定程度上降低了人们对科学研究的信任度。

象，没有必要设置壁垒或防备。为了能把研究做透彻，把问题说清楚并令人信服，哲学研究应该参考必要的、可靠的自然科学成果。不过，近些年来，心灵哲学界虽然显示了对自然科学的重视程度，但是对于其他社会科学研究则关心得比较少。本书并没有囿于自然科学，也着重从其他社会科学研究寻找可用的材料。比如，我们并不排斥人类学的研究和视角，也不排斥文化本身的复杂作用。毕竟，在谈到情绪等心理状态时，我们都知道，人类的情绪与人类社会生活的各个方面（如社会规则、道德标准、文化传统等）都密切相关。研究显示，不同文化和不同社会道德评判标准作用下，人类的情绪及其表达虽然存在许多的相似性，但也会表现出显著的差异。（刘易斯、哈维兰－琼斯、巴雷特，2015，321—324）这表明，我们对于情绪等心理状态的理解，既要参考生理神经机制方面的研究，也要考虑到文化、情境、语言、道德等方面的因素，否则我们的研究会有所缺失。但这仅仅意味着我们了解这些相关研究并将其作为参考，而不意味着仅靠这样就能完成一项哲学研究，更不意味着我们只是罗列而不进行分析和思考。后面我们会看到，在表述这些不同视角和因素的同时，我会进一步判断并做出相对融贯的理解，最终支撑本书的基本观点。

此外，我们也没有理由轻易放弃常识观点和直觉。一个重要原因就是，有时候，科学家会在历经实验之后，证明我们已经明白的某个平淡无奇的道理（虽然我们希望获得更新鲜的真理，但有时候我们所能做到的也只不过是对旧有真理的重新发现）。这至少在心理学中是常见的。比如，我们都认同，积极情绪对于我们的幸福生活来说是构成性的部分，但心理学（从弗洛伊德开始）却曾将很多精力花费在（往往是致病性的）消极或负面情绪上。直至近年，才开始有越来越多的心理学家转向预防心理障碍以及建构美好的心理体验，认识到正面和积极情绪的价值，并开始研究人们怎样才能拥有更多的积极情绪。（塞利格曼，2020a，19）从学理的角度论证积极情绪的要紧性确实是心理学学科进展的体现，可这其中，核心的内容仍然是我们早已知道的道理。我想，这大约能够说明，为什么我们不能忽略我们已知或直觉上就知道的平常道理。

四　章节安排及内容说明

除了导言和结论以外，本书总共分为九章。每一章处理的主题不尽相同，但仍有所关联。有的章节如第一二章主要从较为一般的层面讨论表征和现象意识；第三章开始介入对身体感觉的一般探讨；而第四章将疼痛作为身体感觉的典型例子展开研究；第五章引入对情绪的一般讨论，其中涉及一些定义、分类和概念区分；第六章和第七章则分别涉及情绪的两个典型例子——焦虑和抑郁；在前面几章的基础上，借助一些新的例证，第八章论证了现象意识和表征是可分离的；第九章则对可能存在的问题进行了澄清。最后是总结性的结论部分。下面我们就对这九章进行具体的说明和阐述。

第一章的标题是"表征和心理表征"。这一章我主要讨论表征这个概念，尤其是心理意义上的表征概念到底有哪些特征。这当然基于已有的许多共识，但也包含了我的一些不同于他人的见解。表征这一概念虽在哲学史上有一定的历史渊源，但在当代主要是缘于认知科学和心理学研究才成为一个显要概念的。可以说，当今的表征概念背后有自然科学的进展作为支撑。不过，从哲学中的用法来看，表征基本上是指能够对某对象进行指代或代表的过程。所以，宽泛意义上，表征的具体表现形式是很多的。图像、语言、手势、姿态等都可以用来表征某个对象及其性质。

就心灵哲学而言，表征有其心理层面的特征。一般而言，我们谈论表征，就是指那种包含特定心理内容的心理状态或过程。思想、记忆、希望、知觉、想象、信念等都属于表征。我会对心理意义上的表征及其核心特征进行专门阐述。本书中所讨论的表征基本就是心理意义上的表征。

第二章的标题是"现象意识和表征"。现象意识这个词与布洛克"现象意识"和"通达意识"（access consciousness）的划分有关系。就现象意识自身的刻画而言，被广为接受的一种理解则来源于托马斯·内格尔（Thomas Nagel），即主体所具备的那种特定的感觉。在这一章中，我会对现象意识的基本性质——那种特定的感觉进行说明，并分析和考察现象意识的种类，如身体感觉、情绪等。我会指出，现象意识既不具备认知内涵，也不具备语义可评价的心理内容。这与强表征主义和认知现象学（cognitive phenomenology）等看法有差异，前者认为现象意识也有真实或非真的心理内容，后者认为思想等认知过程本身是有现象特征（即那种特定的感觉）的。此外，本章中，我也对意识做出了自己的一种分类。我认为，意识可分为现象意识和反思性意识（reflective consciousness）。现象意识的内涵与前述一致，反思性意识应被理解为觉察或反思性活动那种心理状态。我认为，这种区分不仅能够更好地应对我们的日常直觉，也能够容纳自然科学研究中有时使用的"意识"概念。至少在本书所涉及的自然科学研究中，不少科学家在谈到"意识"一词时，更多是指主体对于某种状态的觉察或反思，而他们所指的"无意识"便相应地指不具备对于某种状态的觉察或反思。这种意识类型，无论从意涵还是表现上，都与那种特定的感觉（现象意识）存在一定区别，也理应被单独归为一类。

第三章的标题是"身体感觉"。身体感觉是我们每个人都很熟悉的、涉及自己身体状态和身体变化的感觉状态。身体感觉被认为构成了对于强表征主义的一个反例。相关反驳大致可分为两种：第一种，身体感觉不是表征；第二种，即便身体感觉是表征并有相应的表征内容，也难以解释和覆盖身体感觉所具有的那种特定的感觉。本书主要关注对第一种反驳的拓展，因此会在相关文献的基础上，对身体感觉本身是什么做出大量细致的解释和描述。我会对身体感觉进行分门别类的介绍和说明，指出身体感觉面临的解释困难，并专门就疼痛、痒、恶心等身体感觉进行分析。我也会对身体感觉的表征论（强表征主义对身体感觉的基本判断——身体感觉是表征）及类似理论进行质疑，给出相应的反面证据，并为下一章中专门讨论疼痛这种典型的身体感觉做必要的准备。

第四章的标题是"疼痛"。疼痛是一种典型的身体感觉，指那种主体会尽力回避的、伤害性的（harmful）不愉快感觉。疼痛不仅是自然科学家如神经科学家、医学研究人员等重点关注的主题，也是哲学家较为关注的一种身体感觉（笛卡尔、克里普克等都曾分析过疼痛）。因此，本章会首先探讨疼痛是什么样的感觉（其现象特质），并对几种在研究当中难以处理的、容易引起问题的或难以解释的疼痛情形进行考察。这些疼痛情形包括慢性疼痛（chronic pains）、幻肢疼痛（phantom limb pain）、人类以外的其他动物的疼痛等。通过对这些疼痛情形的考察，我会指出，疼痛与身体部位及身体部位的损伤、外部表现、生物学机制之间没有必然关联，是一种主观感受。这一过程中，我也会大致说明心理学对疼痛的解释、理论及问题。在此基础之上，我会对疼痛的表征论及其反对意见进行考察和评论，通过论证疼痛不包含心理内容、疼痛不具有可错性或可纠正性等，指出疼痛并不是表征。

第五章的标题是"情绪"。情绪也被认为是强表征主义的一个反例。或者说，至少一部分反驳者认为，强表征主义在解释情绪方面存在困难。按照强表征主义的理论，情绪也是表征，且其现象特征就是相应的表征内容。同样地，我的工作主要针对前一个观点，即情绪是表征这个论断。所以，在这一章中，我会在自然科学研究基础上，对情绪展开充分的、全面的描述和分析。我会对情绪和情感进行区分，专门探讨几种常见的正面情绪和负面情绪，并对情绪的机制、表达和功能进行考察，然后对情绪的主观感受特征、生理测量的局限性以及情绪与身体感觉的关系等进行分析。我会对情绪的表征论进行描述，对焦虑、抑郁以外的几种情绪是否是表征的问题做出初步探讨，并对后面为什么专门讨论焦虑和抑郁的原因进行说明。总体上讲，这一章是信息量较大、涉及情绪方方面面的一章。我希望通过这一章的叙述，不但为情绪讨论本身增加更多必要的基础，也为后面论证焦虑、抑郁等情绪虽是现象意识却不是表征，做好充分的准备。

　　第六章的标题是"焦虑"。焦虑是一种常见的心理状态，也是现代生活中越来越普遍、易造成生活困扰并降低生活质量的一种负面情绪。焦虑有其特定的感觉，这种感觉与其他的情绪感觉不同。我认为，我们没有充分的理由认为焦虑是表征。在本章中，我首先探讨了焦虑是一种什么样的感觉，并给出了焦虑的（临床）表现和自然科学解释，在此基础上，我对焦虑的表征论进行了说明，并指出焦虑并不满足表征最宽松自由的标准。而且，它既没有一般意义上的表征内容，也不具备认知内涵。从这几方面来看，焦虑都不是表征。当然，这并不意味着，焦虑不会导致认知，或认知不会导致焦虑，而只是说，相关的认知并非焦虑的本质性反映。基于焦虑的特征，从减轻或治愈焦虑的角度，我借助老化（aging）理论等几种情绪理论，对焦虑做出了进一步分析，指出焦虑虽然不是表征，但仍是一种现象意识，且这种现象意识作为主观感受，可以通过一些策略加以控制。

第七章的标题是"抑郁"。和焦虑类似，抑郁也是一种显而易见的负面情绪。抑郁情绪尤其是抑郁症，近些年来尤其受到社会关注。我认为，抑郁也具备那种特定的、区别于其他情绪的感受特征。抑郁的主体往往处于低落痛苦的状态当中。但抑郁并不是表征。它同样既不具备一般意义上的表征内容，也不具备认知内涵。当然，这同样不意味着，认知不会导致抑郁，或抑郁不会导致某种认知，而只是说，认知并不构成抑郁的本质特征。本章讨论了抑郁及其表现，指出抑郁不是表征，尽管它是现象意识。据此，我也将抑郁作为一个反例，反驳了强表征主义。

第八章的标题是"现象意识和表征的可分离性及其他例证"。从前面对于身体感觉和情绪的讨论来看，身体感觉不是表征，情绪也不是表征。但可以肯定的是，身体感觉和情绪都是现象意识，因为它们都有那种特定的感觉。这就意味着，事实并不像强表征主义所说的那样，现象意识都是表征。不但如此，反过来似乎也不成立。因为有些表征也可以独立于现象意识而存在。这就是说，现象意识和表征是可以独立于彼此的。所以，本章对现象意识和表征可分离的几个其他例证进行了讨论，涉及无现象意识的知觉、无现象意识的思想（thought without phenomenal consciousness）、无现象意识的记忆（memory without phenomenal consciousness）、无现象意识的情感等，指出这些心理状态都可以仅仅是表征而不具备现象意识。我认为，这些例证都说明存在没有现象意识的表征。这也就意味着，现象意识和表征的关系，并不像强表征主义者所认为的那样是等同的，二者实际上有各自不同于彼此的特征。

第九章的标题是"一些澄清"。本章对一些问题做出了澄清。比如，是否存在无意识的感受（unconscious sensations）或感觉不到的感受（unfelt sensations），现象意识是否是概念性（conceptual）的，那种特定的感觉能覆盖心理特征的全部吗，现象意识与表征的关系是怎样的？关于这些问题，本书的回应如下：感觉或感受本身就是现象意识的体现，我们也许在反思的层面没有发现我们的感觉，这应该是所谓无意识感受和感觉不到的感受想要表达的真实意思。但这肯定不意味着，感觉本身是没有感觉的。关于现象意识是不是概念性的，这一问题本身在我看来是存在已有预设的。因为，表征才有相应的心理内容，也才谈得上是不是概念性的。现象意识无所谓概念不概念的层面，无论其是概念的还是非概念的（non-conceptual），都已经意味着同意了现象意识也是有表征性内容的。关于那种特定的感觉能否覆盖心理特征的全部，我认为不能。因为，无论是从直觉上还是通过我们已有的分析，那种特定的感觉都只是心理状态的一种表现，表征内容也是心理特征的另外一个重要表现。表征内容似乎谈不上什么特定的感觉，而那种特定的感觉似乎也不同于表征内容。关于现象意识和表征的关系到底如何这个问题，通过前几章的考虑，我们发现，现象意识和心理表征不能在逻辑上和范围上等同，但这并不意味着它们之间没有在事实层面和功能上的关联和相互影响。现象意识缺乏认知层面，而心理表征则具备认知性质，二者仍然会相互影响，甚至具有因果关系。比如，有时我们会在某些情境下出现愤怒、焦虑等情绪，这虽然不意味着我们的情绪本身包含着认知，但却有可能是特定的认知引发了情绪。情况有时也相反。特定的情绪可能引发或影响我们后续的其他认知状态。也许在开心的时候，我们会感觉到天特别蓝、人们特别友好等。可当心情低落的时候，个体则有可能注意不到周边的风景或身边情况，导致相应的注意力缺失甚至认知错误。

在本书的结论中，我将会表明这样一个立场，通过对身体感觉、情绪以及知觉和情感的分析，我们从不同的角度可以看到，现象意识和表征是可分离的，具有相对独立性，属于心灵的不同方面，因此，我们既不能以表征来统摄现象意识，也不能反其道而行之。总之，目前来看，保持二者的相对独立性更有助于我们对心灵的探讨。

五　本书的可能读者

本书主要写给研究哲学尤其是心灵哲学的专业读者。不过，我也希望这本书能为一般读者所理解。

心灵本身就是不可思议的现象。当一个人没有任何行动，也未作任何言谈时，不代表他的内心就没有任何心理活动。表面波澜不惊而内心巨浪滔天、口是心非，这些情形的存在，都提醒我们，心灵世界是多么复杂丰富，又是多么难以捉摸。关于心灵的常识性知识，有些可以从他者那里得到印证，有些只能通过我们自身（如每个人的感受）才得以知晓。这更使得获取关于心灵的真理变得困难。而就目前我们所构造出来的心灵图景来看，其解释力似乎还远未达到我们的预期。无论是主观感受性，还是表征内容，这些问题都增加了自然科学研究的难度，也令人们对心灵这个话题多了几分敬畏。

对于每一个普通个体来说，对内心世界的追问，好像本身就是我们日常生活的一部分。人们想知道自己到底渴求什么，想知道自己的某种感受意味着什么，想知道他者的想法如何。这些问题对于所有人都是共通的。而关注内心，本身也表明了对真实自我的关切和识别。在此意义上，本书大概能够提供一点参考价值。例如，针对焦虑和抑郁——现代生活中几乎最常见的两种负面情绪，我们应该如何应对，当我们感到被这些情绪掌控的时候，是否伴随着对于某些外部世界的客观认知。我想，本书的观点（认为焦虑和抑郁没有认知内涵）也许会帮助大家更加释然地对待这些负面情绪。不论怎样，积极、健康的心理状态，没有理由不是我们的生活目标之一。

第 一 章

表征和心理表征

一 表征概念

广义上，表征意指某物代表、表达或象征他物的功能或过程。一幅画可表征某个场景；花朵种类和数量可表征不同的花语；计步器上的数字可表征实际步数……从日常语言使用的角度来看，表征并不难理解，也并非什么专有名词。

但在哲学中，表征概念确实经历了一些历史变化，从而成为今天心灵哲学中十分重要的一个专有词项。古希腊时期，语言、文字、艺术等皆可为表征载体，表征就是代表、象征或意义的体现。中世纪起，表征逐渐被看作灵魂或心灵理解、想象和记忆的方式。近代以来，康德等人开始从心理认知形式的角度刻画表征。而在当代心灵哲学中，表征一般特指对某个对象的指向性心理过程（如知觉、记忆、想象、信念等），有时也与"意向性"（intentionality）一词互换。①

尽管存在取消主义（eliminativism）、还原物理主义（reduc-

---

① 尽管二者可以互换，但相比"意向性"，我主要使用、关注并谈论"表征"。这是由于，"意向性"一词使用范围更广（分析哲学和现象学都会使用），"表征"则是自然科学研究和分析哲学共同通用的概念。本书一方面主要在分析哲学框架中探讨问题，一方面也参考自然科学研究的概念应用。此外，本书所针对的强表征主义所使用的概念也主要是表征。

tive physicalism）等不承认表征这种心理状态的立场，可是，一方面，在自然科学研究中，表征虽然还保留着其理论假设的功能，但已经逐渐具有更多的实体性意义。另一方面，本书所涉及的讨论都是在承认表征的基础上展开的。因此我将暂不考虑上述否认表征的立场。

总体上看，在有关表征的哲学讨论中，有不少涉及表征内容。普特南（Hilary Putnam）、福多（Jerry Fodor）、伯奇（Tyler Burge）、皮考克（Christopher Peacocke）等人都曾对表征内容的本质做出不同角度的探讨。这其中，也存在外在论（externalism）与内在论（internalism）［或反个体论（anti-individualism）① 与个体论（individualism）］之间的争论、表征内容是概念的还是非概念的争论等。

在承认表征的理论中，与本书有一定关系并值得提及的立场大致有以下三种。

1. 因果协变理论（causal co-variance theory）。（Dretske，1995；Stalnaker，1987）这种立场认为，表征的范围很广，除了心理表征，许多人工物和自然物都可以是表征。这一立场的支持者认为，正常条件下，被表征物引起表征，前者与后者是原因与结果的关系，后者总会随着前者的变化而变化。这种立场试图将心理表征自然化，从而以自然化的方式反过来解决心灵问题。但这种路径面临两个问题：（1）难以对心理表征的那种心理特性（mentality）做出说明。（2）难以解释错误表征的存在。（Burge，2010a；Fodor，1987）强表征主义者（如塔艾）所坚持的对于表征的理解就来源于这种观点。目前来看，这种表征论（尤其是其自然化路径）虽有一定吸引力，但其问题也比较突出。比如，就

① 在这里我们采纳一种通行的看法，即外在论和反个体论可被划归为同一种立场。不过若要细究，外在论和反个体论之间仍有微妙区分。（Burge，2007，154 – 155）

刚才的第二个问题而言，一般意义上的表征肯定包含错误表征，尽管这一理论及其升级版，会加诸正常条件、保真条件甚至不对称依赖（asymmetrical dependence）（Fodor，1987）以及生存性目的（Millikan，1989）等，来应对错误表征何以出现的问题，但其根本上对表征与表征对象之间的因果性诉诸，似乎与错误性之间存在本质上的冲突。① 此外，这一理论也未能很好地解释表征内容的本质，以及表征内容与表征对象之间有何区别。尽管表征如何形成的理论与表征自身如何的观点之间可以是相互独立的，但由于强表征主义者（如塔艾）将这一立场作为讨论某种心理现象是否表征的前提，这些问题也会多少在思想上影响到其后面的论证。

2. 外在论（或反个体主义）。这种立场认为，表征构成性地依赖于个体与外在环境（以及外在环境中的事实）之间的关系。（Burge，2010）它虽然容易招致这样一种指责，即其难以解释自我知识的权威性（即个体知晓自己的心理内容），（McKinsey，1991）但外在论似乎既不蕴含这种情况，也并未显示与其难相兼容。（Burge，1988；Brown，2004）这一立场在我看来是较为合理的，也是我在表征形成这一问题上更加倾向于赞同的。一方面，这种立场符合我们的常识，即个体的心理内容肯定与个体所在的外在环境有关系，甚至部分地依赖于外在事实（无论是物理事实还是社会事实）。另一方面，这一立场也参考并兼容系统发生学

----

① 有学者进一步将这种表征的自然因果性思路改变为解释（explanatory）意义上功能性的追踪（tracking）理论，（Hacohen，2022，702；Morgan & Piccinini，2018）即表征就是一物追踪另一物的功能，如追踪成功，即为正确表征；如追踪失败，则为错误表征。但这似乎依然无法更好地解释心理表征之心理性及那种心理内容如何可能，因为，这样的功能性角色在世界中的范围远远大于心理表征。另外，就这种思路（Hacohen，2022）自身而言，为了避免自然因果协变理论难以很好解释错误表征的问题，便转而将表征放置于具有一定人为性的解释层面，而不再诉诸直接的因果过程，有可能在更好应对错误表征的同时，以失去因果过程基础上的客观性为代价。

（phylogenetics）、动物行为学（ethology）、信息加工理论（information processing theory）等许多自然科学领域的相关解释及进展。从解释力上来看，外在论或反个体主义承认心理表征的心理性，也能够较好地解释、尤其是（从构成性意义上）说明心理表征内容。这一立场并不否认个体认知能力的重要性，但将外在环境对个体的心理内容的影响放在了显著位置。此外，这种立场看重知觉，并将知觉与感觉登录（sensory registration）相区别，将知觉作为一种最低限度的、有内容的表征，这些观点都为我们理解感觉和知觉等提供了较好的参考范本。

3. 内在论（或个体主义）。这种立场与外在论或反个体主义相反，认为表征只需依赖个体自身及其内在状态。（Fodor，1987）这种观点在相当意义上是天赋论（nativism）的一种体现。在当今的心理学（尤其是发展心理学）中也有人表明过近似性观点。（Carey，2009）但是，这种观点难以应对孪生地球（twin earth）等思想实验。（Putnam，1975；Burge，1979）因为，在孪生地球的思想实验中，同样的（孪生）个体在（物理或社会）环境发生微妙变化的时候，直觉上，我们会认为，孪生个体（或同一个个体）本身的心理状态和内容也会因此而发生变化。所以，内在论虽然强调个体能力，但是外界环境对心理表征的重要性则会被有意无意地忽视。不过，当我们的心理状态没有涉及内容，而仅仅涉及主观感觉本身的时候，内在论或个体主义立场，则显现出了特定的合理性。因为，每一个人的主观感受，都确实在相当层面上受限于那一个体本身。因此，后面的讨论中，涉及非表征的现象意识层面，我实际上仍赞同一种更宽泛的内在论或个体主义。

当前心灵哲学对于表征的探讨，与心理学、认知科学等相关研究有很大关系。就表征概念而言，研究者已经更多地将其看作一种实在对象而非仅仅是解释性概念。受认知科学和信息理论影响，表征常常被看作一种对信息的处理、加工、存储和转换的过程。认知心理学将知觉"看作感觉信息的组织和解释，也即获得感觉信息的意义的过程"，这当中，包含着一系列"连续阶段的信息加工过程"。（王甦、汪安圣，1992，20）视觉心理学家马尔（David Marr）也在此意义上指出，视觉等知觉过程本身就是表征。他认为，视知觉表征过程，就是外界三维物体的信息在适当光照条件下进入视网膜并被大脑处理的过程。（Marr，2010）不过，马尔在描述三维表征的过程时，明确表示了一种进阶状态，也就是说，信息处理虽然是表征形成的过程，但结果却是心理性的。① 这当然与计算理论的发展有比较密切的关系。在这方面，影响很大的纽厄尔和西蒙（Allen Newell & Herbert A. Simon）对于信息和符号明确表示了极大的信心。他们认为，信息加工理论能够适用于生命体和人工物，这些对象皆可以符号及符号结构来刻画，或者说，这些相关对象，本身就是符号及信息的加工和转换过程。（Newell & Simon，2019）不过，尽管不少人以信息处理和加工过程来解释表征，仍有学者对此持有不同看法。盖尔德（Tim Van Gelder）就认为，心理过程并非不可避免地是非时间性

---

① 这里可能会令人产生疑问，即是否像马尔这样的心理学家需要进一步解释这样一个问题：为什么信息处理过程会导致心理性的结果？以及，如果信息过程必然导致心理过程，那么这种心理过程是否还要被还原为信息过程？我想，马尔至少暗示了一点，即心理过程在某种意义上不同于那些信息过程，至于为什么信息过程会导致心理性的结果，以及心理过程是否仍要被还原为信息过程。这可能并非他们的主要任务。上述两个问题更接近于哲学问题，我们也不能苛求马尔等心理学家要特别兼顾这类问题。他们一般会将自己的任务更多地定位于对过程的微观解释或描述。但在我看来，我们这里可以暂且考虑两点：第一，信息过程也在其他非表征、非心理的事物变化和发展过程中存在，故其本身似在解释心理表征的心理性方面存在困难。心理表征过程或许包含信息处理过程，但却不能仅以其所定义。第二，如要考虑信息过程与心理过程之间的关系，也许可将信息处理和加工过程作为心理表征的低阶层面存在（不过，将信息过程作为心理表征低阶层面的支撑，也并不必然蕴含心理表征仍可被还原为信息过程。这里我使用的"还原"更接近于等同的意思，而非宏观层面向微观层面的还原，后者意义上的"还原"在这里显然是成立的）。后文中我们会对此进行更多的说明。

（atemporal）的计算过程，而是动态的（dynamic）、时间性（temporal）的过程，我们的认知不受内在表征所限，而是能够超越表征的。（Gelder，1995，381）但无论怎样，基于信息处理和计算理论来理解表征，算得上是自然科学研究中一种相对主流的观点。

以知觉表征为例，存在诸如格式塔心理学（gestalt psychology）（即认为知觉是从整体的角度把握外界事物，包含着对缺失或被掩蔽部分的修复，或对不连续部分的主动连接等）、原型理论（prototype theory）（知觉依据一些原初型相，对对象进行比对把握）和特征整合理论（知觉通过对对象的性质特征进行集合把握）（Treisman，1986）等。这些思路各自有其独特的视角，不过信息处理路径也存在一些解释上的优势。如，根据这一路径，远近知觉的不同状态意味着信息输入的多寡，当我们离一个事物更近时，关于那个事物可获取的信息也就更多；而当我们离一个事物更远时，关于那个事物可获取的信息也就更少，也更容易出错。一架飞机在很远的地方，你也许会把它看作一只飞鸟。在此意义上，可以说，知觉的准确程度也与主体所接收到的信息量有一定关系。

基于信息处理及神经生物学视角，认知心理学还认为，不同的表征关联着不同的机制和结构。比如，知觉和记忆是不同类型的表征，也有着不同的神经机制和伴随状态。以神经放电过程看，"与知觉经验相关的神经放电是由感觉感受器受到刺激所导致的，而与记忆经验相关的神经放电则是由储存着过往信息的结构放电所导致的"。（戈尔茨坦，2015，52）这似乎能为我们解释不同类型的表征提供一定程度的微观基础。

鉴于本书是在心灵哲学讨论范围之内，因此我提到表征时主要指的是（至少从表面的表现来看）心理意义上的表征。这并非是我对于表征的独断使用。在当今的心灵哲学中，表征往往就是心理表征的简化用法。当然，理想的表征概念应该既能向上兼容，也能在一定意义上向下兼容。从上述自然科学对于表征的研究来看，表征概念能够（在一定层面上）兼容信息加工理论等。可这并不意味着心理表征本身即可完全自然化。那些主张自然因果协变表征论的哲学家在使用表征概念时，既用它来描述那种有内容的心理过程，也用它来包含自然界和人工界的非心理事物。（Tye，1995；Dretske，1995）出于上述已经提及的种种问题，这种观点是我所反对的。首先，心理表征有其特定性质，尤其是那种心理内容，似乎与自然化过程有较大区别。其次，尽管心灵哲学会使用"表征"来简指心理表征，但这并不等同于人们认可心理表征没有心理特征，或那种心理特征可被非心理化。

二　表征的共同特征

心灵哲学家对表征的探讨，不单纯受自然科学的影响，也深受语言哲学（尤其是语言意义研究）的影响，这种影响直观地体现在关于表征的共识性特征方面。当前，关于表征，广泛所接受的特征包括以下方面。

1. 表征具有相应的表征状态（representational state）和表征内容，是主体心理过程的一种基本类型。表征状态一般是表征的模式或种类（如知觉以及知觉当中的视觉、听觉、触觉、味觉、嗅觉、记忆、思想、信念等）。表征内容则是指在这些不同模式或种类之下的具体内容。表征内容往往是对外部世界的反映或试图反映。比如，当一个人回忆起"我的早餐是面包和牛奶"，这时，记忆就是其相应的表征状态，而"我的早餐是面包和牛奶"即为此记忆的表征性内容；当我看到一朵红色的花，那么，"看到"就是这里的视知觉表征状态，"一朵红色的花"就是相应的表征内容。知觉的不同模式（如"看到""听到""触摸到""尝到""闻到"）会表现为次级层面不同的表征状态，不过总体上都属于知觉表征状态。看到一个方形的积木，和触摸到一个方形的积木，前者的表征状态是视觉，后者的表征状态是触觉，尽管二者的知觉表征内容是相同的——都是"一个方形的积木"。

2. 表征（尤其是表征内容）具有真实或非真的语义性质（semantic property）。表征（尤其是其表征内容）有真实和非真、成功（success）和失败（failure）的情形。表征的真实与否主要看其相应的表征内容是否符合实际情形。某一表征内容如果与相应的表征对象及其具体性质相符，那么其就为真实的，反之为非真的。如果一个人记得"我的早餐是面包和牛奶"，且实际上他的早餐的确是面包和牛奶，那么这就是真实的记忆；如果实际上他的早餐并非是面包和牛奶，那么这就是非真记忆。当我触摸到"一个方形的积木"且事实上那就是一个方形的积木时，我的触觉就是真实的；而当事实上其并非方形积木时，我的触觉就是非真的。可以说，表征（尤其是表征内容）的语义性质是其核心特征，也是我们判断某种心理状态是否是表征的重要标准。

3. 存在衡量表征真假的真实性条件（veridicality conditions）。真实性条件是用来衡量表征真实与否的标准，我们也可称其为满足性条件（satisfaction conditions）或准确性条件（accuracy conditions）[①]。

----

① 不过，准确性条件可能会涉及准确性程度的问题，即一个表征内容达到什么样的准确程度才算是准确的？恐怕这既没有统一标准，从准确性条件本身上也无从参考。所以，我在本书中对这一说法使用得不多。

真实性条件一般就是表征内容。[①] 比如，针对"我的早餐是面包和牛奶"这样的记忆表征时，其真实性条件就是"我的早餐是面包和牛奶"，当这一真实性条件得到满足（如实际情形确实如此），那么其就为真实的，否则就是非真的。当一个人有"那朵紫色的花"这样的知觉表征时，"那朵紫色的花"就是真实性条件，其如果得到满足（面前确有朵紫色的花），那么此知觉表征就是真实的，否则即为非真的。虽然关于希望、欲望等，我们难以说其相应的内容是真实或非真的，因为其涉及尚未发生的事情，但满足性条件仍可适用，从而可确定此类表征是否成功。比如，我希望"明天我准时到达会议室"，那么"明天我准时到达会议室"就是满足性条件，如果其本身得到满足（第二天我真的准时到达了会议室），这一希望就是成功的；如果没有得到满足（第二天我早到了、迟到了，甚至根本没有到会议室），其就是失败的。再如，我有"穿上这件漂亮礼服"这样的欲望，那么其满足性条件就是"穿上这件漂亮礼服"，如果其被满足（我在事实上真的穿上了这件漂亮礼服），那么这个欲望就是成功的，否则其就是失败的。因此，虽然涉及尚未发生的事情之心理表征难以用真实与否来界定，因而也难以说具备严格意义上的真实性条件，但它们仍然可以说是成功或失败的，也仍有类似意义上的满足性条件。

---

① 这里或许有一个问题：为什么表征内容自己的真实与否需要以自身作为真实性条件来衡量？应该说，这里的真实性条件更多地指一种前置性的条件，其需要外界事实作为辅助性依据才能得出其到底是真实的还是非真的。也许有人说，那为什么不将外界的相关事实作为真实性条件呢？我认为，外界相关事实虽然是重要的辅助性依据，但由于相关事实可能不存在（"不存在相关事实"这件事严格意义上不能算作相关事实，因为如果这也算相关事实，那么这一事实就与太多非真表征内容相关，而这会使得"相关性"本身变得无足轻重，可"不存在相关事实"这一事实却并不会妨碍我们将其作为评判表征内容真实与否的辅助性依据），表征内容则始终存在，所以，相比较这种始终存在的表征内容，外界相关事实本身并不适于作为稳定的、明确的、前置性的、衡量表征真实与否的条件。

　　4. 表征具有认知意涵。根据 2 和 3，我们可以推出 4。当我们认为表征有语义特征（或有真假）时，我们已经看到，表征可以是正确的，也可以是错误的，且这种正确和错误一定是有所参照的结果。可只有认知和知识才谈得上对错。这正说明，表征的基本性质与认知和知识十分近似。认知和知识是可错的，表征也是可错的。实际上，无论何时，表征总是要反映和表达（或者试图反映和表达）事物及其客观性质，尽管其未必成功，但这已经十分明显地表明了心理表征的认知功能和认知意涵。在此基础上，我们可以说，表征总是指向知识的。甚至，要么知识（或知晓）以心理表征的形式体现，要么知识（或理论知识）是对相关心理表征的语言描述。这说明，心理表征在更原初的意义上构成了可错知识的基础。

　　上述有关表征的基本特征，前三项基本上被广泛接受，第四项虽然没有被明确提出，但也隐含在了前三项特征（尤其是表征的语义性质）之中。后面，我们对于身体感觉和情绪是否表征的讨论，也将会对照这里对心理表征基本特征的刻画。不过需要提及的是，心理表征的这些基本特征已是经过论证之后被广泛接受的，因此并非特设性的标准。

　　但仅有上述四项特征，我们还不足以应对所有的情况。一些额外的区分和说明工作是必要的。因此，在这里，我们考虑进一步对可能的混淆做出区分，对可能的争议做出回应和说明。我认为，在谈论心理意义上的表征时，还需要特别注意以下几点。

　　（1）表征内容不同于信息内容。虽然，现有的自然科学研究（尤其是认知科学研究）的信息化路径与心灵意义上的表征之间有相当的兼容性，也可以说，表征确实在次级层面有信息处理和转换的过程。但是，这并不意味以下两点是正确的。

　　① 表征等同于信息过程。

② 表征内容等同于信息内容。①

我们可对①和②一并展开讨论。这里，我们暂且搁置各种对"信息"的不同定义，就从最日常的对于信息的理解来看，我们会发现，如果将表征等同于信息过程，而将表征内容等同于信息内容，那么，就会出现至少如下三个解释心理表征方面的困难。

（a）表征（尤其是心理表征）的心理性难以从信息层面上解释或还原。

（b）表征的满足标准过低，以至于只要存在信息过程，都在原则上可以被看作表征过程。

（c）信息过程和信息内容并不具有表征意义上的语义特征。

我们先来看 a。当我看到天空中飞过的一群红嘴鸥，我会有相应的视觉表征内容，这种视觉表征内容是一种反映了外界相关事物（一群红嘴鸥）但却带有一定主观性的心理内容。当我回忆起上个月的一次美妙的远途旅行时，我的脑海中会浮现出许多相关的画面，并产生有关那一次旅行的记忆表征。可我们似乎很难想象，同样能够在计算机或机器人当中运行的信息计算，能够还原或者说明我们的那种心理内容体验。②

然后来看 b。b 与 a 有一定关联。如果说，表征内容可以被解

_____

① 皮考克（Christpher Peacocke）曾对此有过今天看来仍具参考意义的批评。他明确区分了表征内容和信息内容。（Peacocke，2002，437）其中，他指出，信息内容并不会全部出现在表征内容之中，两种内容种类不同，相比表征内容，信息内容更好地与因果解释相容。

② 这里的"体验"（experiences，或"经验"）一词，在我看来不只适用于现象意识，也适用于表征尤其是表征内容。这并不等于说，因为表征可以是一种体验，就意味着表征也是一种现象意识。因为，这种看法的隐含前提是，体验等于现象意识。但我认为这种说法不但没有根据，还会引起更多的困惑。在一次与盖伦·斯特劳森（Galen Strawson）的学术聊天中，我提到，思想并不必然带有什么现象特征或现象性，他反问："难道思想不是一种体验吗？"他这里已经预设，任何一种心理状态或心理过程，只要是体验，就具有现象性。我想（此处也顺便再次回应），我们并没有充分的理由和根据断言，体验或经验一定带有现象性——那种特别的感觉，且一旦如此假设，我们的所有体验或经验，都将划归入现象意识的范畴，这似乎在解释许多心理过程（尤其是涉及认知的心理过程）时并不恰当。

释为某种信息内容，那么似乎许多事物都满足成为表征的条件。无论是自然界还是人工界，都存在不少携带信息的事物。可这些事物难道都是表征吗？恐怕我们难以做出这样的判断。当然，我们可以尝试限定得更窄些。比如，当某种事物只携带另一对象的相关信息时，这种事物才是表征。可是，一个事物携带了另一对象或事物的相关信息，这个事物就表征了那个事物吗？显然，有些事物虽然携带了有关另一对象或事物的信息，但却并不代表或表征那个事物。例如，光纤能够携带、运输和传递数据信息，但其却并不表征相关事物。最重要的是，如果我们承认表征就是信息，表征内容就是信息内容，那么表征的范围会过大，这同样会导致难以解释心理表征的困难。因果协变表征论者似乎就面临这样的问题。如果我们把温度计、树的年轮等都看作表征，那么我们虽将心灵自然化了，但又面临前面 a 的困难，即难以充分说明心理表征的心理特征。

　　再来看 c。直觉上，我们会承认，存在错误信息（misinformation）。这会使得一些人觉得，既然存在错误信息，那么也就意味着存在正确信息。这看上去能够匹配表征的那种具有真实和非真情形的语义特征。但是，如果仔细考虑，我们会发现，一方面，信息的传递和转换过程是自然过程，其受因果性影响甚至就属于因果过程，但是我们似乎很难说明为什么会有"错误"的因果过程和"正确"的因果过程。另一方面，当我们使用"正确信息"和"错误信息"时，不必然意味着信息本身有真假，毋宁是我们对信息的一种解释，这种解释似乎已经未经论证地假设了，要么信息就是在表征某个对象，要么信息至少与某个对象存在符合与不符合的关系。但这种假设或许是我们对信息的"赋能"。实际上的信息过程是这样的：首先，其本身极具微观性以至于难以与宏观对象之间做特征的匹配。其次，即便在我们的认知过程如视觉中，信息以特定的形式传递到我们的二维视网膜上从而形成较为整体的成像，也需要更进一步的加工过程和心理意义上的视觉完成，才可对相应的视觉表征做真实与否的分析。最后，信息过程广泛存在，甚至在不涉及认知的心理过程中存在，但如不涉及认知，似乎也很难说具有语义特征。比如，我们后文会指出，身体感觉如疼痛、情绪如焦虑，是不具有认知内涵的，可我们相信这其中一定有信息的传递和转换，也一定包括信息内容。

　　当我们在谈论心理意义上的内容时，我们谈论的似乎不仅仅是某种涉及另一对象的信息，更多地，我们在谈论某种心理状态或者心理活动。比如，我们思考"明天会下雨"，我们相信"特朗普已经不再是现任美国总统"，我们知觉到"面前的这朵花是蓝色的"，等等。在这些例子中，我们会发现，"明天会下雨""特朗普已经不再是现任美国总统""面前的这朵花是蓝色的"都是我们的心理活动，更确切地——是我们的心理内容。显然，当我们沉默不语且没有用任何一种外显的方式表达和沟通时，我们的心中还存在着生动丰富的心理内容。那么，何以在语言和行动之外，还有如此大量的心理认知、推理等内心活动，这恐怕才是表征（尤其是心理表征）之所以成为心灵哲学中的一个被解释项的重要原因。

　　现象意识、尤其是现象意识的现象特征被认为是一个心灵哲学的难问题，（Chalmers，1995）可这并不意味着，表征内容就一定是容易回答的问题。实际上，表征，尤其是心理表征的"内容"其研究难度不亚于意识的难问题。某种信息处理过程能否显示某个个体的心理内容？如果我知道了某种特定的信息处理和转换过程，我是否就一定知道某人的心理内容？这些问题在我看来依然是困难的。可以说，自然科学家关注表征的具体运作机制，而哲学家更关注表征本身的特质尤其是其语义特征。这种兴趣和解释路径上的差异似乎在很多时候为我们给出充分融贯的表征图景制造了障碍。由此可见，如果因为表征在自然科学中的广泛应用和深入的探讨就得出表征的相关研究更加容易，尽管并非缺乏根据，却也未必经得起深究。令人有些担忧的是，强表征主义（包括不少研究表征的哲学家[①]）对表征概念的理解，恰恰在这方面过于乐观。

　　虽然我们需要诉诸信息过程等来解释心理表征，但是心理表征自身仍有些部分是难以仅通过神经和信息过程的还原而得到解释的，尤其困难的就是表征内容。有人认为，信息过程与人脑过程十分类似，都有信息输入和输出、转化和加工的过程。但是，信息过程能够容纳并对应于人为的加工系统，人的心灵却不止于此。有心灵的个体的人，他们有生命、有情绪、有动机、有性格，这些都在相当意义上挑战着对心灵的信息化理解。有人将这看作信息加工与生理机制之间不匹配的问题，并做出这样的辩护性回应：信息加工理论不但没有忽视生理机制，还能够在高于生理机制的水平上研究心理活动。（王甦、汪安圣，1992，3—4）但是，当我们真的只依靠信息加工思路来试图理解心理活动时，总会存在这样那样的问题，正如认知心理学家马特林所言：

　　　　即使是 fMRI 技术，也还没有精确到可以研究我们快速完成的认知任务中的事件序列。另外，PET 扫描和 fMRI 技术都不能确切地告诉我们一个人在想什么。例如，有的新闻评论员建议使用大脑扫描来识别恐怖分子。当前的技术是没有办

---

　　① 甚至我在很多方面赞同的反个体主义者（外在论者）伯奇，在这方面都具有相当的乐观态度。当然，一方面，他的心理学哲学中既容纳了计算理论基础上的表征概念，也引入了系统发生学、动物行为学等方面的视角，这为解释表征建立了更坚实的基础。另一方面，他也注重基于反个体主义，从构成性意义上解释表征的心理语义特征。此外，他也明确反对仅从自然、信息和功能方面来理解表征尤其是心理表征。这些方面为他的立场提供了更好的保障。

法完成这种识别的。(马特林，2016，8)

那么，如何看待自然界与人工物当中那些令我们讶异的信息过程呢？确实，在大自然中，许多看似简单的生命体已经表现出惊人的信息整合能力。蜜蜂的导航（navigation）和返巢（homing）行为，鲑鱼跨越千山万水、长途跋涉的洄游过程，无一不说明这些动物令人叹服的信息处理技能。可即便这样，我们仍然难说它们具有心理层面的表征内容。而人工智能、机器人等领域的不断进步，也不由得令人发问，人工智能、机器人有心理意义上的表征内容吗？至少目前，我认为答案应当是否定的。我们知道，人工智能、机器人肯定有信息内容，也包含信息处理和转换过程，但直觉上我们依然很难认同，它们也具备人（或相当多的动物）才具备的心理表征内容。看上去，不论是自然界生命体的低端信息处理，还是人工物所包含的模拟性信息计算过程，都难以与心理表征内容画上等号。

也许，一种更好的理解方式是，我们可以以个体（individual）和亚个体（sub-individual）过程来描述表征。或许，在亚个体层面，表征过程就是某种自然因果基础上的信息处理过程，是微观的因果过程。但在个体层面，表征似乎可以具备更具心理性的特质。而且，在相当意义上，这意味着个体本身已经完成了完整的认知过程。例如，视觉过程包含了锥状细胞（cone）和杆状细胞（rod）的活跃过程、适当光线在视网膜上的成像过程等，但对于有视觉能力的个体来说，看到某物则意味着具有了关于某物的视觉经验，这种视觉经验能够使得主体对外部对象有所认知。马尔在讨论视知觉时，也充分说明了信息处理过程和表征的二重性，指出信息处理是三维视觉表征必不可少的部分，（Marr，2010，3）但无论怎样，信息过程和信息处理对于表征的支持，并不意味着视觉表征和那种心理层面的视觉内容就能够被简单还原为信息处理的过程。

（2）表征（尤其是表征内容）基本上有两种形式。尽管存在争议，但大致上表征的形式可分两种。一种形式是图式表征（pictorial representation）或类图像表征（image-like representation）。在看到一朵玫瑰花之后，我们能够通过回忆再现那朵玫瑰花的样子，就好像那朵花的样子刻在了我们的脑海里。这种记忆表征就属于图式表征。当我们想象一次美妙的海边度假时，我们在头脑中会形成一个美丽的场景性图像——阳光、沙滩、海浪、冲到岸上的贝壳等，这些也都是图式表征。另一种形式是命题性表征（propositional representation）或类命题式表征（proposition-like representation）。比如，我想到"她是一位和蔼可亲的人"，我相信"她一定会取得奥运会冠军的荣誉"，这都是典型的命题式表征，这些心理内容的建构，有赖于我们复杂的语言能力。关于这两种形式的争论在于，有的学者认为，表征主要是以图式表征形式存在。（Kosslyn，1980）而另外的学者则认为，表征主要以命题、言语及语词性知识，甚至默会知识（tacit knowledge）的形式为主。（Pylyshyn，1981）但大部分人认为，这两种形式都是主要形式。有时候，我们的表征以图式表征的形式存在，有时其则以命题或类命题的形式存在。不仅如此，我们的心理表征过程常常会同时包含这两种形式。

还存在一些看上去超出这两种形式的特定表征，使得人们觉得不论图像和语词形式都难以形容它们。这尤其涉及一些抽象概念，如公平、正义、理想、美等。当我们的心理表征中包含这些内容时，其形式确实难以立刻以图像或语词命题的形式存在。有的学者认为那会是一种抽象的"心语"。（斯腾伯格、斯腾伯格，2016，247）但是，仔细想想，实际上在我们构建这些心理表征时，仍然会采用命题或图像的形式。比如，当我们考虑公平问题时，我们头脑中可能会出现各行各业劳动者的形象，也可能会出现一些他者对公平的定义和一些有关公平的理论说明，而"公平"这个概念，对于某个正在进行表征性心理活动的特定个体来说，相关的心理表征形式可能是多样的，也可能是复杂的（即既包含图式表征也包含命题性表征）。总之，虽然乍一看，这些抽象概念在心理表征当中的呈现，好像难与某些具体的图像和语词命题挂钩，但我们一方面很难找到其他的呈现形式（所谓的抽象"心语"更有些莫名其妙），一方面会发现其可能与个体性的认知理解有密切关系，而个体性的认知理解则既可能以图式表征体现，也可能以命题或类命题性表征体现，当然也有可能两者兼备。

　　要特别说明的是知觉的情况。动物和婴儿也能知觉。他们也会形成知觉表征。一般而言，由于他们缺乏概念，我们倾向于认为，他们在知觉中形成的是图式表征，可当没有概念能力的婴儿在知觉外部世界时形成类似于"这件玩具很大""这件衣服是红色而不是灰色""爸爸和妈妈长得不一样"等内容时，这时的知觉其实也很接近类命题式表征。动物有时会形成一些简单的推理，如一条狗通过观察，选择这条路而非那条路去追赶某个目标时，相应的知觉表征也更像是类命题性表征。成人的知觉表征则更为复杂。在知觉到有特定形状的外部事物（如一栋哥特式建筑、一本儿童绘本等）时，我们会发现其既包含图式表征（对外部事物形状、颜色等性质的知觉描摹过程），也包含概念化的甚至命题化的表征过程。可见，知觉表征虽可清楚地分为图式表征与类命题或命题式表征，但也有混合状态及边界较为模糊的时候。不过，无论以哪种形式表现，知觉表征一定包含了对某个对象的认知。这种认知，在伯奇看来，包含着指称（reference）和归属（attribution）两种成分。（Burge，2010b，25）这两种成分对于图式表征和类命题或命题式表征而言都是适合的，因其指的是其中的表征结构。在知觉过程中，人们对某个对象的认知，包含着对那个物体的挑选以及特定性质的归属。如，我们对某个苹果的表征不仅包含了对其挑选和定位的过程，也包含将其性质如"红色""圆形"等归属到那个苹果之上的过程。这一过程，在图像表征和（类）命题性表征中都存在，因为这两种形式都包含着指称和归属的功能。在此基础上，知觉表征可以达成对具体知觉对象的认知。

（3）指向性而非关于性，可考虑作为表征最宽松、最自由的标准。[①] 不少人认为，基本的表征（或意向性），意味着其一定是关于（about）某个对象的。但关于性到底是什么意思呢？如果 A 是关于 B 的，就意味着 A 表征 B 吗？关于性能推出表征性吗？对于关于性这个标准，我实在是有诸多疑问。在这里我们不妨专门考虑一下这一概念。我从下面三个方面来谈谈关于性，顺便引入指向性这个我认为相对更优的标准。[②]

第一，一般情况下，某物是表征，意指其是关于另一物的，这种说法大致是可接受的。可是，如果当真涉及要衡量某物是否为表征，这一标准便会产生一些问题。其中最主要的问题就在于，这是一个过分宽泛的标准，因为它很有可能将并非表征的事物也包含进来。毕竟，我们难以从关于性直接得出表征性，或者说，关于性似乎并不蕴含表征性，反之（表征性蕴含关于性）似乎尚可成立。

第二，如果不得不采纳某种宽松的标准，也许相比关于性，

---

① 但我并不认为仅靠指向性，就能够判断某物是否表征，因为符合指向性标准的事物也很多，但它们不一定都是表征。这里将指向性作为一个最宽松的表征标准来谈论，主要出于两个理由。第一，这里的"指向性"比较学界常常使用的"关于性"稍优。第二，这一标准虽在一定情况下可用，但仍有过度宽泛之嫌。

② 这里也仅仅只是"相对"更优而已。

指向性是相对更好的一个选择。我们可对二者做一下比较。通常，指向性往往指向（或试图指向）特定对象，且对象往往是一个而非多个。考虑我看到一只红色的狐狸（视知觉表征），我回忆起一次优美的音乐会（记忆表征）。这些表征至少都有明确的针对特定对象的指向性。前者指向（或试图指向）那只红色的狐狸，后者则指向（或试图指向）那次优美的音乐会。而原则上，关于性似可涉及任意（arbitrary）对象和多个对象。一本小说可能既是关于战争的，也是关于爱情的，又是关于忠诚的。而且，只要有关系的事物，都可以或多或少被认为彼此之间有一定的关于性。可以说，关于性极有可能一不小心就滑向更加宽松自由的关系性。但这恐怕不是我们想要的结果。

第三，实际上，无论关于性还是指向性，都不应该被作为表征的真正可用的标准，更不应该作为表征的唯一标准。因为许多事物都可能有指向性或关于性，但却不是表征（尤其是心理表征）。比如，机器可以被设定为指向某个方位，某种细菌或许有趋光性或趋暗性，但它们似乎并不具有认知意义上的表征性。所以，这里之所以对关于性和指向性做了一点简单讨论，一方面是要照顾到并评判学界存在着的尽管普遍却并不严格的常见观点（将表征性等同于关于性），另一方面也为后面论证现象意识（疼痛、焦虑、抑郁等）是不是表征提供一个更坚实的基础。后面我们将会看到，这些现象意识的种类，连这种最为宽松自由的标准都不能满足。总体而言，虽然我认为关于性称不上是准确的表征的标准，也认为相对来说指向性稍微更好些，但我并不打算就此将指向性作为一个真正可用的标准，而仅仅在后面论证的过程中作为一个尝试排除性的标准，以证明即便是这样一种宽松的（甚至不可用的）标准，都会将身体感觉和情绪等现象意识排除出去。

（4）表征内容不同于表征对象。常有人将表征内容与表征对象混淆。比如，上述提到的以关于性作为标准的思路在论证某物是表征时，就包含了这样一种隐含倾向，即通过论证某物是关于另一对象的来证明其有表征内容。第一，有可能此物并不是关于任何实存对象的，或者说，现实世界当中找不到其所关于的某个对象，如"林黛玉"和"金山"。第二，即便某物确实是关于另一对象的，也不代表此物有所谓表征内容。

具体来看，表征内容在以下三个方面不同于表征对象。

第一，表征内容无法独立于主体，表征对象则可以独立于主体。如前所述，表征内容作为主体的心理内容或表达内容，本身就是主体所拥有和具备的，因此其无法脱离主体。但表征对象则总是主体之外的对象，因此并不为主体所拥有，也就具备了相对于主体而言的独立性。

第二，表征内容具有一定的主观性，表征对象是完全客观的。之所以说表征内容具有一定的主观性，是因为其并不一定是纯粹主观性的。我们关于外部世界的表征内容如果符合外部世界的状态，那么这里的表征内容也具有一定的客观性，但与此同时，由于表征内容无法独立于主体，主体的类别特征和自身状况及外部其他因素等都会影响表征内容，因此它总是具备一定的主观性。不过，表征内容的客观性和主观性都是一定程度上的，且在不同的情形中会有比例上的差别。以知觉表征为例，在真实知觉情形中，其客观性就会占据更主要的地位，尽管其主观性仍未消失。在错觉（illusion）（将 A 错误知觉为 B）情形中，主观性会占据相对主要的地位，客观性则相应减弱。在幻觉（hallucination）（场景中并无某个对象却似乎知觉到某个对象）情形中，主观性会占据更主要的地位，客观性则几近消失。与此相反，表征对象本身就是客观存在的，因其独立于主体，所以并不具备主观性。

第三，表征内容具有语义可评价性，表征对象则没有。表征内容是我们认知状态的反映，因此我们可以对其进行真实与否的评价，当我们的表征内容与相应的表征对象及其性质相符或相应的表征对象及其性质满足我们的表征内容时，我们就说这种表征内容是真实或正确的，反之则是不真实或错误的。但是，我们不能说表征对象本身是错的，因为表征对象本身并不属于认知，也不存在相应的评判条件，因此我们无法对其做出真实与否的评判。所以，表征内容具有语义可评价性，而表征对象则不具备语义可评价性。

无论怎样，如果没有很好地区分表征内容和表征对象，在谈论表征内容的时候就容易偷换概念。后文中我们会发现，强表征主义等立场，在谈论表征内容的时候，（尽管并非总是）有时会出现将表征内容和表征对象混淆的情况。

上述关于表征的标准及衍生性区分和讨论，是必要的准备工作。后面我们在具体讨论疼痛等身体感觉是否为表征，以及焦虑等情绪是否为表征时，这些准备工作将会起到应有的作用。

本章小结

表征是一个在当今心理学、认知科学等自然科学中的常用概念。心灵哲学中的表征概念既包含一定的过往哲学痕迹，也与自然科学的表征概念适度兼容。总体上看，由于心灵哲学就是处理心灵相关种种，所以我们谈论的表征，在相当意义上就是心理表征。即便有些学者认为表征可被自然化，也会首先认可其心理特征。

心灵哲学中的表征概念受到认知科学中信息处理理论的支撑。可以肯定，从视觉等相关研究看来，信息处理过程确实是心理表征过程中的重要组成部分，但这并不意味着，我们就可以马上以信息处理过程来定义心理表征过程。主要原因在于，信息过程难以很好地解释心理意义上的表征内容，信息内容也不能很好地对应表征内容。但我们或可将信息过程作为心理表征的亚个体部分，而将心理层面（尤其是心理内容）作为表征的个体层面。不过无论怎样，心灵哲学中在谈论心理表征时，常常即以表征来简指。我以为，这大约是对心理层面的表征与自然科学意义上的表征的一种中和。基于此，本章之后我也将不再特别区别，当我谈心理表征和表征时，大致说的是一回事。

心理表征有其广泛接受的共同特征。这些共同特征也是我们衡量某物是否属于表征的参考标准。表征包括表征状态和表征内容，也具有语义特征。其可为真实或非真的，也在此意义上具有认知内涵。除此之外，我们还需要做出一些必要的比较、区分和说明。比如，相比较关于性，表征的最宽泛自由的标准（非严格标准）可考虑是指向性；表征包括图式表征和命题或类命题式表征两种形式；表征具有一定的主观性，也具有一定的客观性；表征内容不同于表征对象。我相信，对表征基本特征的刻画，以及上述这些必要的比较、说明和区分，在后面讨论身体感觉和情绪是否为表征时，会非常有帮助。

第 二 章

现象意识和表征

一 现象意识——那种特定的感觉

意识是心灵哲学中的一个重要议题，也是我们的心灵生活中非常重要的部分。不过，相比表征，自然科学中的意识研究的进展比较缓慢。因此也有不少哲学家认为，我们要么应当取消对意识的设定和期待，要么在自然科学研究中不用特别去在意所谓意识。(Wikes, 1992; Dennett, 1992) 但是，"意识"一词在日常生活中使用的频率并不低，在使用时大众相互之间也基本都能够理解。所以，就与生活的远近来看，反而是意识比表征离我们熟悉的生活更近，甚至它就属于日常语言。

而值得注意的地方也恰在于此。日常语言当中的"意识"一词，可总结为如下两种意思。

（1）活着的、醒着的状态。我们常常用"失去意识"来形容一个人晕倒、休克甚至死亡。所以，显然，意识或有意识应该是相反的意思，即一个个体活着的、醒着的状态。不过，这种意义也不能被理解为没睡着的状态，或将睡着的状态排除出去。这里，"活着的"应该是意识更重要的一个意思。而"醒着的"意思则不那么严格，"能叫醒"大约也可归于此类。因此，睡着的状态，至少在这里的意义上，还可属于有意识的。

（2）反思、反省和觉察①的状态。有时候，我们说"他意识到这件事对他来说很重要"，指的是一个人对自己的反省和觉察。这种反思性的意识似乎只在人类当中存在，因为通常看来好像只有人会反省和觉察自己的状态。动物不太可能有这种类型的意识，学者戈弗雷－史密斯（Peter Godfrey-Smith）曾在《章鱼的心灵》一书中基于对章鱼的研究对这一点有所论及。（戈弗雷－史密斯，2021，154）并且，这种反省当中，包含着认知与重新发现等心灵过程。

通过对日常语言的考察，我们发现，意识概念看上去并不令人困惑。大多数人既不会觉得在使用这一概念时有什么太大的困难，也不会特别去思考这一概念。但在哲学家当中，尤其是当今的心灵哲学家当中，意识概念则成了一个模糊不清且定义不明的概念。这种情况，在学者们撰写关于意识的文章中也时常出现。不外乎内尔金（Norton Nelkin）曾批评说，我们总是在使用意识概念的时候对不同定义的意识概念转换使用。（Nelkin，1989，139－140）不过，上述意识的日常含义似乎则以另外的方式变换成了意识研究当中的不同问题。

意识概念虽不算清晰，但与意识相关的问题却相对比较清晰。其中，广泛认为难以处理的部分（或者意识的难问题），就在于如何解释现象意识，或者说，如何解释主体的那种特定的感觉。（Nagel，1974）。现象意识这种说法与布洛克的一个区分有关。他认为，意识可分为为现象意识和通达意识两类。（Block，1995）前者指一种主观的感觉或感受（比如疼痛、开心时那种心理状态），后者指那种与认知密切相关的行动准备。这一区分影响很大，其在相当意义上说明了现象意识和其他与认知有关的意识之

---

① 这里的觉察大致指某种反思意义上的自我认知，但也不属于十分明确和标准的认知过程。

间的差别，也将意识的相关问题分成了不同类型。实际上，如果参考上述我们所总结的意识的日常用法的第一种，即那种活着的、醒着的状态，我们会发现，尽管有些学者仍认同这种意识类型，（Rosenthal，2002，406）但布洛克以及其他关注现象意识的哲学家，在讨论现象意识时，比意识的这种日常语义走得更远。他们实际上更关注个体在活着和醒着基础之上的各种各样的主观感受。而这些感受到底本质为何，恐怕是他们更愿意去探讨的问题。我也认同对现象意识的这种刻画及其意义，尽管这种刻画也许与我们的日常理解并不完全吻合，但就其所包含的哲学性价值及其所带来的更多学术问题而言，它依然是十分重要的一种刻画。

布洛克的区分虽然影响很大，也具有特别的参考价值，但我认为其仍存在一定的问题。首先，现象意识即那种主观性的感觉也能够引起一定的行为，也可以作为与认知密切相关的行动准备（哪怕其本身并不具备认知性）。但根据布洛克的划分，只有通达意识才具有那种效应。其次，通达意识就其功能而言，也可以是自动的无意识的信息处理过程，这有可能使得通达意识最终不是任何一种意义上的意识。最后，根据前两点，布洛克所说的通达意识似乎与表征的差别已经不大。这也就意味着，我完全可以用表征来替代这里的通达意识，从而将这种对于意识的区分转变为现象意识和表征的区分。这样看来，现象意识和通达意识这两种意识类型的区分，似乎也就谈不上是对意识的区分了。

因此，我认同布洛克以及其他哲学家的看法，（Rosenthal，2002；Chalmers，1996）即我们应对意识做出适当的区分，也同意现象意识确实应该属于意识种类当中被区分出来的一种。但如果要区分意识种类的话，在我看来，结合前述讨论，一个更好的区分应该是，现象意识和反思性意识①。这种区分一方面能够保留意识本身的特质，另一方面也能兼顾我们对意识的日常理解。尤其是，在后面我们会看到，不少自然科学研究者在使用"意识"这一语词时，常常采纳的其实是反思性意识的意思，即个体知道自己在做什么或觉察到自己处于什么状态。② 不过，反思性意识也不同于所谓的监察或监视（monitor）的意识。因为，计算机也可以通过扫描进行监察或监视，但其并不具有反思性意识。所以，看上去对现象意识和反思性意识这一区分，能够更好地帮助我们识别在不同的文本和场景中，被提及的意识是什么意义上的意识。

正如哲学家们所普遍关注的那样，与反思性意识相比，对于现象意识的刻画、解释和研究似乎是更困难也更要紧的事情。"那种特定的感觉"是对于现象意识最为经典且广泛被认可的刻画方式。除此之外，刻画现象意识的常见方式还有主观性（Le-

---

① 也许有人会说，现象意识当中似乎也包含反思性层面，比如当我们感觉到疼时，除了疼痛的那种特定的感觉，我也能够觉察到"我在疼痛"这种状态。至少，这中间似乎有某种自反性。但我认为，疼痛感肯定是包含明显的感受，但那种感受并不等同于我们对那种感受有所反思和觉察。后面的讨论中，我会指出，不存在没有感受的感受，但可以存在没有被反思的感受。

② 这里的反思性意识虽然具有类似于自我认知的方面，但是相比表征意义上的那种反映或试图反映外界事物客观性质的认知，其仍然在程度上较弱，而且主要指向主体自身。其中一个最大的差别在于，反思性意识只有发生和没有发生的区别，还谈不上真实与否的程度。比如，在反思性意义上，我意识到我在听他讲话，和我没有意识到我在听他讲话，对于主体来讲，重点主要在于我有没有意识到"我在听他讲话"这一事实，一般不会进一步涉及"我在听他讲话"是不是一个事实。但是，我看到草原上的一匹野马，和我没有看到草原上的一匹野马，就不仅涉及我是否看到草原上的一匹野马，也涉及如果我有相应的知觉表征内容"草原上的那匹野马"，其是不是与实际情况相符。所以，在此意义上，我此前批评布洛克时所说的通达意识更接近于表征，从而使得通达意识会被排除出意识种类，并不适用于我这里的反思性意识。可如果有人要问我，到底什么才是意识这一大类所应该具有的共同特征？我只能说，这里所总结出的现象意识和反思性意识，是基于日常的意识词义、一定的哲学讨论和自然科学研究的用法所综合得出的，而目前我们还难以对它们之间的共同特征做出精准而一致的提炼。这可能也是意识研究本身的一个困难所在。

vine，2001，9）①、第 一 人 称 （first-person perspective）、视 角
（point of view）等。不过，"那种特定的感觉"来刻画现象意识确
实最为恰切。我们可以来简要地比较分析一下。

就主观性而言，虽然其能一定程度上说明现象意识的特征，
也应该作为刻画现象意识的一个方面，但其仍有不准确之处。首
先，只要是心灵活动，都有主观性。主观性并非只有现象意识才
有，思想等表征也有主观性。所以，主观性并不足以将现象意识
挑选出来，虽然我们肯定现象意识确实有主观性。其次，主观性
并不一定蕴含那种特定的感觉。当我们在思考"2 + 2 = 4"时，
似乎并不一定有什么特别的感觉。而如果主观性是一个恰当可靠
的标准，那么它应当是能够容纳和包含普遍认同的现象意识的
"那种特定感觉"的特质的。所以，虽然现象意识出现时，一定
有主观性，但主观性似乎既不能将现象意识精准地挑选出来，也
不能穷尽现象意识的基本特征。对此，也有学者明确指出，我们
也许应该将主观性问题和现象性质的问题分开来谈。（Neisser，
2017）这样看来，我们应该将现象意识看作主观的，但纯以主观
性来论现象意识则不一定准确。

第一人称和视角在意思上较为相近，所以我们放在一起来分
析。总的来说，二者都不是刻画现象意识的理想标准。理由如
下：首先，视角和第一人称并不排斥机器，机器也可以有特定的
视角，或者说，也能够经过合理程序的设定来进行第一人称的记

---

① 也有学者建议将主观和客观方面合并起来理解意识。（Velmans，1991，2002）但这种
思路似乎在模糊和覆盖现象意识的那种特别的主观性，反而不一定有利于现有的讨论。而在戈
弗雷－史密斯的"主观性的多样性"（"Varieties of Subjectivity"）（Godfrey-Smith，2020）一文
中，则显露了另外一种从（外部）演化的角度来刻画（包括意识的）主观性的思路，这也多
少有些独断之嫌，因为主观性作为内部状态，在什么意义上可以从（基于观察的）外部表现
和变化来定义和研究，可能本身还需要论证。而且，他似乎对主观经验本身更感兴趣（戈弗
雷－史密斯，2021，87；Godfrey-Smith，2020），但我认为我们这里谈论的现象意识要比仅仅主
观经验的范围更窄，故这里不对此类探讨做过多分析。

录和叙述。但是，我们很难说机器也有类似于人那样的现象意识。其次，第一人称和视角都不一定包含感受，更不必说特定的感觉或感受，而这一点并不利于其覆盖现象意识。比如，我可以以第一人称或我的视角来回忆去年参加的一次学术会议，但我不必有任何感受和特别的感觉。机器同样可以有第一人称的表达，但却肯定不具备任何生物学基础上的感觉或感受。看来，第一人称和视角也不能很好地、排斥性地定义现象意识。

如此看来，"那种特定的感觉"确实是最为合理的一种刻画。第一，这样一种刻画，能够明确将现象意识和非现象意识区分开来。我们会发现，"有那种特定的感觉"和"没有那种特定的感觉"完全是两种状态。这两种状态差异极大。比如，当我感觉到疼的时候，我会觉得很难受，想要立刻让那种感觉停止。而当我感觉一切良好，身体并没有什么疼痛的感受时，我就完全没有处于那种疼痛的感觉。可以说，"特定的感觉"能够清晰地将是否处于某种特定的感觉和并没有处于特定的感觉区分开来。这也就意味着，如果说现象意识就是指"有特定的感觉"，那么非现象意识就"没有特定的感觉"。反之，也可以说，有那种特定的感觉，就说明存在现象意识，否则便不存在现象意识。这是一种十分清楚且有用的标准。第二，这种刻画也能进一步将某一种现象意识和另一种现象意识区分开来，比如我有"这种感觉"，而非"那种感觉"，这种感觉和那种感觉不同。不同的特定感觉是不同的。比如，疼的感觉不同于痒的感觉，开心的感觉不同于沮丧的感觉，焦虑的感觉也不同于伤心的感觉。第三，如果"那种特定的感觉"作为现象意识的衡量标准，那么其也能容纳做梦等特殊情况，从而将做梦这种特殊的情形包含进现象意识领域。在梦中我们也会有特定感觉，比如我们会在梦中感到悲伤、焦虑等。这就意味着，不只有在清醒的时候才有现象意识。总之，相比较而言，"那种特定的感觉"蕴含主观性、第一人称和视角，但反之并不亦然。所以，这确实是一种定义现象意识的更合理标准。目前，学者们已经基本上采纳了将现象意识理解为"那种特定的感觉"这种观点。

不过，即便如此，在现象意识方面，仍有许多问题等待进一步研究。比如，从经验研究上看，现象意识的最低限度在哪儿，蜜蜂是否有那种特定的感觉？对于这些问题，都还存在争议和待定事项。（Birch，2022，134）不但如此，与现象意识相关的不同意见，有可能导致不同的道德伦理立场。例如，对子宫里的胎儿有无意识（尤其是现象意识）的不同理解，很有可能导致对胎儿福祉的不同理解，进而影响我们对待它们的态度（如是否应该堕胎）。（Bradford，2022）这些可能的结果，反过来，使得我们即便是以那种特定的感觉来刻画现象意识，在涉及具体对象时也不得不更加谨慎。

知觉是一种表征，但也常常被认为是现象意识的一种。许多哲学家会想当然地，要么将知觉包含在现象意识之内，要么在举现象意识的例子时以不同的知觉模式作为范例。我对此有不同的看法。当我们对知觉进行细致研究之后，就会发现，笼统地将知觉纳入现象意识的范围，有可能并不准确。强表征主义的代表塔艾就认为，现象意识包含有知觉、身体感觉、情感、情绪等几种心理种类且它们皆为表征。但这种分类实际上并不严格。在后文的分析中，我们会看到这种分类所面临的问题，并瓦解这种分类。大致看来，就知觉而言，其包含内容有真实与非真的情形，也包含认知内涵，所以知觉是表征几乎是毫无疑问的。但知觉是否是现象意识则面临争议。事实上，知觉有时伴随着现象意识（或某种特定的感觉），有时则不然。存在没有现象意识的知觉过程，因此现象意识并非知觉所必备的、定义性的条件。而身体感觉、情绪由于有那种特定的感觉，因此确实是现象意识，但它们却并不满足成为表征的标准。它们似乎不存在语义特征，也称不上有什么认知意涵，所以它们不是表征。情感则是相对复杂的一个心理种类，其主要由表征构成，但经常性地伴随有现象意识，可即便这样，我们依然能够找到不伴随有现象意识的情感例证。关于这些内容，我们在后面将会专门探讨。

二　现象意识的强表征主义及可能反例

现象意识的强表征主义认为，现象意识都可以被看作表征。以塔艾为例：

他认为，在坚守自然因果协变的表征论（认为表征是指一物对另一对象在正常条件或最适条件下的代表和追踪，前者由后者引起并与后者协同变化）这一前提下，作为现象意识的知觉、身体感觉、情感和情绪都是自然化意义上的表征。由于后文还会就具体的心理种类详细论述，且本书涉及的主要问题（身体感觉和情绪是否是表征）可独立于强表征主义及其反对者到底持有什么样的表征理论，故此在这一部分内容中，我将仅对相应的强表征主义观点及反对意见做大致的介绍。现象意识的强表征主义之具体观点可基本罗列如下。

（1）知觉类似于树的年轮，是在正常条件下对于外界对象（远端刺激）的因果协变基础上的表征。知觉能够追踪外界对象的特征，但在异常条件下也会发生错误。

（2）身体感觉是身体（尤其是身体的某个部分）对近端刺激的因果协变意义上的表征。比如，疼痛是对身体某处组织损伤的追踪性表征，痒则是对某种触摸或轻微刺激进行追踪的表征。

（3）情感是对身体某种状态或变化在因果协变意义上的感觉

表征。

（4）情绪也是对某种身体变化（比如体内失衡状态）在因果协变意义上的追踪性表征。

在此基础上，塔艾指出，上述现象意识作为表征所具备的特定表征内容就是其现象特征。针对强表征主义的反对意见及反驳并不少。其中影响较大、与本书关联性更强的一种反驳路径是给出反例。我们这里特别侧重从这个思路来探讨。在反驳者所给出的反例中，有两类情形被认为是强表征主义所难以解释的：身体感觉和情绪。根据强表征主义的两步论断：

（1）××是表征；（2）××的现象特征就是相应的表征内容。

所以，上述两种反驳的思路也是针对性的。第一类反例是疼痛等身体感觉。相关反对意见（Aydede，2005；Block，2005）分别为：

（1）疼痛等身体感觉不属于表征；

（2）疼痛等身体感觉的现象特征并非相应的表征内容。

第二类反例是焦虑等情绪。相关反对意见（Searle，1983；Kind，2014）分别为：

（1）焦虑等情绪并非表征性的（或意向性的）；

（2）即便焦虑等情绪是表征，其表征内容也并非其现象特征，因其现象特征超出了表征内容。

在我看来，这两类反对意见都有一定道理，实际上，不论是就论证的第一步还是第二步而言，强表征主义对于这两类反例都不能很好地应对。鉴于我这里主要关注强表征主义的第一步论证，以及其中所牵涉的基本问题（身体感觉和情绪是否是表征），在后文中，我会专门对身体感觉和情绪进行分析，并结合自然科学研究和哲学分析指出，它们都不能被看作表征。不过，就如上文所言，针对知觉和情感，我的观点似乎与强表征主义及相关的反驳观点都或多或少有些差别。对此我也会在第八章进行更多的阐述。但在此之前，为了对我的工作提供更多的准备，下面我将对强表征主义以及其他一些哲学家所认为或假设的现象意识的几种心理种类进行更进一步的思考。

三　对所谓现象意识种类的再思考

如果以"那种特定的感觉"为标准，那么身体感觉和情绪几乎可以肯定是现象意识，因为它们显然有那种特别的感觉。但是，包括塔艾在内的不少人认为，知觉和情感也属于现象意识。这就意味着，他们认为知觉和情感也具有那种特定的感觉，甚至那种特定的感觉是知觉和情感的本质性特征。但事实果真如此吗？我们逐一来看。

先来看身体感觉。身体感觉是那种与身体状态和身体变化相关的感觉，比如疼痛、痒、困乏和恶心等。当我们感到疼时，我们会有那种不快的、不舒服的、想要避免或躲避的感觉，这种感觉常常（尽管并不必然）意味着我们的身体受到了伤害或者出现了问题。痒的感觉也类似。我们在感到痒的时候，会想要去抓挠，想要去立刻让那种感觉停止。困的感觉、恶心的感觉也与我们的身体及其变化有一定关系。当我们感到困乏的时候，我们会觉得无力，想要休息。当我们感到恶心时，我们会呕吐和反胃，同时也会想让那种难受的感觉立刻停止。身体感觉不只有负面或消极的种类，也存在正面或积极的种类。比如，性高潮就是让人感到兴奋和愉悦的一种身体感觉，其与性活动的顺利进行有关。但无论正面还是负面的身体感觉，它们各自都有其特定的感觉，因此毫无疑问属于现象意识。

　　再来看情绪。在"那种特定的感觉"意义上，情绪显然也是现象意识。因为，情绪本身确实包含着特定的感觉。当我们感觉到高兴、难过、悲伤、兴奋、焦虑、抑郁等情绪时，我们都会有不同的、特定的感觉。那种"特定的"感觉足以让我们识别出正在经历的那种情绪。比如，当我们感到兴奋时，我们会觉得心跳加快、有期待感、愿意去尝试和分享等。当我们感到悲伤时，我们会有一段时间的低落、不开心等等。当我们感到焦虑时，我们会担心有某种潜在的生存性威胁。而当我们感到抑郁时，我们会觉得不愿社交、敏感、痛苦等。种种情绪对于我们的生活来说都很重要，甚至占据了心灵生活的相当比例。但可以确定的是，每一种情绪都有其特定的、专属的感觉，悲伤和兴奋的感觉不同，焦虑和抑郁的感觉也不同。这足以说明，情绪的确应属于现象意识。

　　知觉的情形则需要谨慎对待。虽然不少学者（包括表征论者）都认为知觉也属于现象意识，但在我看来，知觉是不是现象意识，实际上是一个值得斟酌、具有争辩性的话题。一方面，我们会发现，知觉——尤其是知觉的各种不同的模式，如视觉、听觉、触觉、嗅觉、味觉等在发生时，会伴随有不同的感觉，这些不同的感觉与不同模式的不同通路以及主体获取信息的方式之间的差异有关。另一方面，和身体感觉相比，知觉的发生往往是更加自动的、无意识的①过程，而且常常谈不上有什么明显的、特定的和特别的感觉。当然，也许有人会说，当一个本来看不见这个世界的盲人忽然由于某种原因获得了视力，那么这一定是一种很特别的感觉，也能因此而证明至少视觉这种知觉确实存在某种

----

　　① 这里的"无意识"主要对应上面所提到的那种"反思性的"意识的缺失，但也可以表达缺乏现象意识的情况。前者意义上的"无意识"是不少自然科学研究当中所实际意谓的，而后者意义上的"无意识"我们在第八章中会专门讨论。

特别的感觉。之所以一般情况下我们没有觉得知觉有什么特别，主要是由于我们已经习惯了这种感觉，所以才不觉得它有什么特别了。但是，即便如此，我认为这仍然与身体感觉的情况很不一样。因为，几乎每一次身体感觉如疼或者痒出现时，我们都会产生明显的"特定的"感觉，这种感觉能够让我们马上识别出这种身体感觉。我并不是说，这意味着现象意识必须同时具备某种让你马上注意到你的感觉的特征，而是说，任何一种身体感觉其作为自身存在的辨识度都是相当高的。相比之下，知觉则更像是一种自动运作、"自动驾驶"的过程。当然，就目前的讨论而言，我们似乎还得不出，知觉就不是现象意识，或者没有现象意识的方面。这里我只是先针对现存的、认为知觉天然地就是现象意识这种观点提出一点疑问，在后面，我会通过"无现象意识的知觉"的存在，论证现象意识并非知觉的本质特征，因此这里并不好说，知觉必然地属于现象意识。

情感与知觉的情况有类似之处。这当然首先基于情感和情绪有所不同。虽然在不少文献中，二者都并未得到特别区分。但在我看来，二者还是有差异的。大致来看，情感是一种更复杂的心灵状态。比如，我们可以考虑羞愧、感恩、爱、仇恨等。这些心理状态都是我们情感生活的表现，也体现了情感生活与人类文明、文化及社会规则之间的各种关联。可以说，情感生活的存在是我们成为更复杂物种的一个重要原因。但恰恰是这种复杂性又使得情感难以被简单地归类。比如，以爱这种情感来举例。一般而言，爱可被分为爱情、友情和亲情。在心理学中，它们对应于激情或浪漫的爱、友谊之爱和家庭成员之间的爱。（斯奈德、洛佩斯，2013，280）就爱情这种形式的爱而言，我们会发现，当你爱一个人的时候，你会有十分难以描述的复杂情感，你可能会同时有想要接近和想要逃离的感觉、开心或难过的感觉、嫉妒或无私的心理状态，这些感觉和心理状态有时相互抵触，有时又奇怪融合。这与一般可分为正面和负面的情绪是很不同的。不单如此，以我们所定义现象意识的"那种特定的感觉"这一标准来看，爱也并不总是伴随着某种特定的感觉。例如，当你和你的爱人处在稳定成熟的亲密关系中时，双方并不会再常有最初的那种怦然心动或难以平静的心理状态，但这并不意味着爱的情感消逝了。亲人之间那种爱的情感则更显著地体现了这一点。当家庭成员的关系非常和睦自然时，我们会沉浸在日常的、简单的、细节性的生活关联中，并不会总是有什么跌宕起伏的特别感觉，但你很难说在这些时刻，你并不爱你的家人了。可见，以此为例，我们发现情感并不能被简单地理解为某种特定的感觉，也不能因此而被迅速地归属为现象意识。

综上，我认为，身体感觉和情绪是现象意识，这一点几乎毫无疑问。在后面的讨论中，我也不会轻易地改变这种看法，哪怕面对可能的质疑（也许存在这样的质疑，即认为也存在无现象意识的身体感觉和情绪）。在后面我会对此做出进一步澄清。而对于情况较为复杂的知觉和情感，我也会专门在第八章展开进一步的分析。

四　现象意识和认知内涵

在我看来，现象意识本身并不具备认知内涵或认知过程。如果说现象意识有认知内涵，那么可能是受如下两种思路影响。

（1）信息处理过程是认知过程的基础，现象意识包含信息处理过程，因此也包含认知过程。

（2）现象意识是自我认知过程，这种自我认知过程要么是对现象意识自身的认知，要么是对主体身体某处的认知。

思路（1）的前提是有问题的，所以结论也有问题。信息处理过程尽管对于认知过程来说十分重要，但我们不能因此将信息处理过程看作认知过程的充分条件，因为显然有大量的信息过程不属于认知过程。现象意识作为人的心理过程，肯定包含着信息处理过程，但并不能据此得出，现象意识就一定因此包含认知过程。

思路（2）可分为两种路径。第一种路径认为，现象意识是对于自身的某种自反性认知。比如，当我感到疼痛的时候，我们的心理活动也许是：这个疼痛太难受了！当我感到愉悦的时候，我们的心理活动也许是：这个愉悦太棒了！也即，这里显示了对于疼痛和愉悦现象本身的一种判断。这种思路有一种变种，即自反性的祈使主义（reflexive imperativism）（Barlassina & Hayward，2019）。这种观点认为，当我们感觉到疼痛时，我们的心理活动为：少一点疼痛！当我们感觉到愉悦的时候，我们的心理活动为：多一点愉悦！对于这种路径，我认为存在两个问题（这两个问题也适用于其变种）。第一个问题在于，婴儿和动物也有疼痛和愉悦，但很难说他们有这种意义上的判断性认知活动。第二个问题在于，这种判断性认知基于已有的疼痛或愉悦等现象意识存在本身，而其一阶状态即这种现象意识自身是否包含认知这个问题并没有得到回答。

思路（2）的第二种路径认为，现象意识是对于主体身体某处的认知。当我感到疼的时候，我其实是关于某个身体部位有了一定的理解和认知，比如，我的身体此处有些不对劲。这种路径也存在两个问题。第一个问题与第一种路径的第一个问题类似，也即婴儿和动物也有疼痛和愉悦，但很难说他们有对于自己身体的判断性认知活动。第二个问题是，对身体某处的认知应当是对其客观特征的某种反映，但"不对劲""有问题"似乎非常模糊，几乎称不上什么严格意义上的认知。

进一步来说，认知大致上有两个基本特征。第一个特征是，认知一定是具有可错性的，即其或者为真或者为假。第二个特征是，其总是关于事物（尤其是外界事物）及其性质的反映（或试图反映）。

现象意识不符合第一个特征。现象意识发生时，那种特定的感觉本身是不可错的（infallible），也是不可纠正的（incorrigible）。关于不可纠正性，我们可举例说明。例如，有的人感觉到头疼、牙痛或腿痛，所以去看医生，可是即便做了各项检查，医生也诊断认为没有什么问题，个体可能依然会感觉到那种疼痛。也就是说，疼痛并没有因为我们发现身体没有什么问题或在我们判断疼痛不应出现的情况下被纠正。而疼痛等现象意识的不可错性是指，疼痛等现象意识在出现时，我们实际上既没有衡量其真假的客观标准，也难以以真实或非真来对其进行真假的分辨。也许有的人（如强表征主义者）会认为，是否存在组织损伤可用来衡量疼痛的真实与否，但依旧参考上述例子，我们会发现，疼痛和组织损伤之间并没有完全的必然关联。[①] 所以，我们似乎无法评价疼痛等现象意识的真假，在此意义上，疼痛等现象意识是不可错的。这也并非是说，疼痛等现象意识就是永真的，[②] 而是说，其甚至难以用真假来定义，因为即便其是永真的，也意味着其一定是相对于假而言的，可疼痛等现象意识甚至连那种对照都谈不上。但是，认知恰恰是可错的。因此，根据第一个特征来看，我

---

① 不仅是在现实世界中，对于个体而言，有时其感到疼痛却并未有任何组织损伤存在，有时存在组织损伤其却无疼痛感。这体现了二者之间并无必然关联。我们更可想象，可能世界中存在疼痛与某种组织损伤（或者任何种类的组织损伤）之间无关联的情况。类似的论证克里普克曾经早已给出，尽管他采用的是"某种大脑状态""C－纤维"等说法而非"组织损伤"。（Kripke，1972）

② 其实，疼痛发生时，那种真真切切（real）的感受也不等于真实性。这里只是在假设疼痛的感觉总是真实的而非错误的。

们很难说现象意识具有认知内涵。

现象意识也不符合第二个特征。第二个特征与第一个特征有一定关系。仍以疼痛为例来看。在我们感到疼痛时，疼痛的感觉并没有反映或试图反映外界事物（包括主体自身）及其性质。即便有人认为，疼痛反映了组织损伤的存在或身体某处有问题，但这里依然存在两个问题：第一，我们此前已论述过，疼痛与身体的组织损伤之间并无必然关联。既如此，又何谈其反映或试图反映组织损伤？第二，即便我们权且承认疼痛反映组织损伤，其又如何反映或试图反映组织损伤及其客观性质？其反映的是组织损伤的形状、大小还是其在身体内部的具体状态？仅对比知觉来看，在现实生活中，我们大致承认，疼痛确实是在提醒或尝试提醒组织损伤的可能存在，但其是否有更进一步的功能，以至于在反映或试图反映组织损伤（或某种大脑状态）的客观性质，我们则并不能断定。情况甚至与此相反。单靠疼痛我们得不出（即便确实存在的）组织损伤的基本性质。与此类似，开心、焦虑等情绪，也很难说反映了外界事物（包括主体自身）及其性质。尤其是，当有的人在人格倾向上就属于易开心的人或易焦虑的人时，易开心的人可能即便面对打击性的事件也能保持心情舒畅，而易焦虑的人可能即便面对成功也会感到担心，这似乎令人怀疑这些情绪是否能够反映事物的某种客观状态或客观性质。也许有人认为，情绪确实包含对于外界的认知，只不过其往往是歪曲认知。心理学当中的认知疗法（cognitive therapy）就认为，有负面情绪困扰的个体实际上总是错误地进行了消极的自我评价，且对于外界有歪曲的反映和认知。但是，总是歪曲的认知在何种意义上还是认知就是成问题的。认知的可错性不等于其总是错误的。这与前述涉及疼痛时的部分讨论较为相似。就如永真意味着无假，也意味着缺乏真正的语义可评价性和可错性；永假也意味着无真，这同样意味着缺乏真正的语义可评价性和可错性。可见，总是歪曲认知也意味着它不具有可错性。所以，我认为，情绪等现象意识在本质上并不能称得上是具有可错性的认知，也很难说是试图反映外部客观世界的尝试。如此看来，身体感觉和情绪等现象意识，都算不上具有认知内涵。

五　现象意识和表征内容

强表征主义认为，现象意识是表征，现象意识的现象性质就是相应的表征内容。不只强表征主义，许多哲学家都会在谈论现象意识尤其是其性质时诉诸心理内容。可是，现象意识具备心理内容吗？在我看来，情况并非如此。继续以疼痛举例。当一个成人感到疼的时候，他也许有各种各样的心理状态、心理活动和心理内容，我们可以把任何他想到的内容假定为疼痛的心理内容。可是，当动物或者婴儿在感到疼痛的时候（我们一般推定动物和婴儿也是会感到疼痛的），他们有什么样的心理内容呢？这似乎就很难说了。仅将成人作为考察对象来理解现象意识一定是有所欠缺的。我们需要去除掉成人复杂的思维活动之后，才能对现象意识进行更好的、更基本的理解。

不但如此，当我们更进一步，考虑现象意识是否有表征意义上的内容时，[①]情况似乎就与强表征主义的思路相去甚远了。比如，当我在感到疼痛时，我如果在表征，我在表征或者试图表征什么呢？我的心理意义上的表征内容又是什么呢？强表征主义会

---

①　实际上，一般的心理内容与表征性的心理内容在我看来是没有太大分别的，基本上心理内容都可算作表征内容。这里只是为了论证方便，故从一般的心理内容（即普通人都熟悉的那种心理内容。并非普通人都知道什么是表征性内容，即便我认为我们所熟悉的心理内容与表征性内容基本是一回事）开始，再到我们专门讨论的那种反映或试图反映外界客观事物的表征内容。

认为，疼痛表征的就是身体某个部位的问题，表征内容也类似于
"身体某处有问题"。但同样的问题仍可来源于动物和婴儿。我们
应该问一问，他们会有那种表征内容吗？如果说，他们通过躲避
或扭曲身体等行为来表达那种表征内容，我们似乎假定了躲避或
扭曲身体等行为就意味着"我的身体某处有问题"这种表征内
容。可这种假定存在至少两个问题：第一，我们没有足够的证据
和理由，在躲避或扭曲身体等行为与"我的身体某处有问题"之
间建立必然关联。我们甚至没有足够的证据和理由，在疼痛和躲
避等行为之间建立必然关联。第二，如果说躲避或扭曲身体等行
为意味着"我的身体某处有问题"这种表征内容的存在，那么这
首先假定了动物和婴儿具备拥有表征内容的能力，但情况似乎不
能一概而论。确实，婴儿正常情况下出生之后便拥有知觉等初级
的表征能力，一些动物尤其是灵长类动物，或者就一般的哺乳动
物也可以说拥有知觉这种初级的表征能力，但并非所有的动物都
具有知觉表征能力。可是，基本上动物们都有躲避等身体行为，
这大概意味着，躲避等行为所发生的范围比表征能力所发生的范
围要更大，因此二者不能一一对应。

再来看情绪。我们是否有足够的证据表明，情绪必然具备
表征内容呢？我认为答案仍是否定的。首先来考虑动物和婴儿。
一般而言，我们会认为，动物和婴儿也是有正面和负面情绪的。
可是，动物和婴儿在情绪高涨和低落的时候，一定会有表征内
容吗？确实，当我们与自己刚出生不久的孩子建立亲密关系时，
我们会在他们大哭或微笑时解读他们的需求，会猜测他们不开
心是缘于饿了、渴了、不舒服了或是大小便了，而在觉得他们
开心时则猜测他们是看到了自己的父亲母亲或是喜欢某个好玩
的玩具等。但这里依然存在两个问题：第一，我们的猜测和解
读与实际上他们是否有相应的表征性心理内容是两回事。第二，

他们在开心或不开心的时候，是否一定伴有表征内容，这一点我们无法断定。动物的情况是类似的。许多养宠物的人会在自己的宠物看起来烦躁不安或悲伤忧郁时为它们赋予相应的心理内容。但上述针对婴儿的问题在动物这里同样适用。即便是成人，他们在感觉到焦虑等情绪时，一定会有心理内容吗？如果有，又会有什么样的心理内容呢？是"某件事很麻烦"，还是"我感到担心"？问题在于，无论是什么样的思想内容，都无须必然伴随焦虑，也无须必然伴随任何一种情绪。也就是说，心理内容尤其是表征内容并不是现象意识的必备条件。关于此，我们在后面讨论疼痛、焦虑和抑郁等典型例子时会更加详细地展开说明。

本章小结

现象意识就是那种特定的感觉。主观性、第一人称和视角虽然也在不同的意义上有助于理解现象意识，但却都难以真正刻画现象意识。强表征主义及不少哲学家认为，知觉、身体感觉、情绪和情感都是现象意识的种类。我对此有不同的看法。我认为，身体感觉和情绪都有那种特定的感觉，因此显然属于现象意识。知觉和情感则并不一定如此。所以，这样一种分类似乎是有问题的。这也是为什么我认为我们不能在讨论相关问题、甚至在驳斥强表征主义的时候完全跟着他们的前提和论证策略走的原因。更进一步来看，现象意识不具备可错性和认知内涵，也并不反映或试图反映外在事物的性质，而这恰恰是表征所必须具备的。此外，现象意识也不具备表征内容。动物和婴儿，包括成人，在身体感觉和情绪等现象意识发生的时候，都难说必然伴随着心理表征内容。这样，我们已经可以粗略看到，现象意识和表征存在比较大的差异。这种看法也算心灵哲学中较为主流的看法。其倾向于强调表征和现象意识之间的差异，从根本上认为表征和现象意识并不相容。然而，想要更清楚地论证这一点，并不是一件容易的事情。毕竟，有不少如强表征主义的学者，在尝试模糊二者之间的界限，甚至用其中一种取代另一种。

第 三 章

身体感觉

一　身体感觉及其种类

这一章我们就来专门关注身体感觉这一心理种类。身体感觉是我们心灵生活的重要组成部分。它当然是我们的心理状态，可它又如此密切地与我们的身体有关。如果说，知觉、思想、记忆等心理状态往往涉及（但不限于）外界对象，那么身体感觉则主要涉及主体自身，尤其是主体自己的身体。身体感觉是印证我们活着的重要标准，也是典型的现象意识。身体感觉如何，在相当意义上标记了我们活着的感觉如何，甚至我们的生活是否舒适愉悦。这也是我们关注身体感觉的理由之一。

身体感觉包含的种类很多，范围也比较广。恶心、乏力、疼痛、酸、痒、疲惫等都属于身体感觉。身体感觉不仅包括涉及身体外部器官及其状态的感觉，也包括涉及心脏、血压、肠胃等内部器官的感觉。以疼痛为例：我们在感到疼痛时，要么它涉及身体外部，如我们可能会感觉到手疼、胳膊疼或脚疼；要么它涉及身体内部，如我们可能会感觉胃疼、心脏疼、肌肉疼等。身体感觉可以根据是否愉快而区分为正面和负面的感觉。它既包括性高潮、舒适等正面的感觉，也包括疼痛、痒、恶心等负面的感觉。

总体来看，身体感觉可归纳为如下几个特征。

（1）身体感觉往往与身体以及不同的身体部位有关。比如，手疼和脚疼都是疼痛，但是前者涉及手这个部位，后者涉及脚这个部位。痒也是类似的。头痒、脚痒、腿痒也相应地涉及不同的身体部位。恶心是指身体内部尤其是胃部排斥外部食物并伴随呕吐的感觉，其涉及胃部，也涉及咽喉、食道等与吞咽、消化有关的内部通道的特定位置。性高潮则是涉及性器官的特定愉悦的身体感觉。

（2）对于每一个拥有某种身体感觉的主体来说，那种感觉是他自己所拥有、所经历并最为了解的。虽然这些感觉有时在不同的场景下出现，有时在不同的人身上发生，但它们都有一个共同特征，即经历这些感觉的人，对这些感觉最为熟悉，因为那涉及他自己的身体，而且那也是他自己的身体感觉。当不同种类的身体感觉发生时，只有一个人自己作为经验主体才能体会到。其他人则既没有这个权限，也谈不上感同身受。因此，当一个人感觉到疼痛难忍时，在场的其他人虽然也许经历过类似的感觉，或者能够尽力帮助并表示同情和理解，但是却不能直接感受当时当地的他的那种具体的、个例的疼痛。

（3）身体感觉与情绪之间有一定关联。大致看来，要么身体感觉与情绪之间可以相互引起，要么身体感觉与情绪可以同时出现。比如，当一个人感觉到难以忍受的疼痛时，他的心情或情绪也可能因此而变得低落。而且，痛苦和受折磨的心理状态往往会由疼痛感引发。而当这个人不再有疼痛感的时候，他很可能因此而感觉到快乐和轻松。反过来，个体感到抑郁等情绪后，可能会进而报告更多的疼痛等不适的身体感觉。而开心和欢喜的情绪也许会令一个本来处于疼痛当中的人突然感觉好转。我们还发现，身体舒畅、神清气爽的感觉，常常与快乐的情绪同在。焦虑等情绪则常常伴随着肌肉紧张等身体感觉。不仅如此，正面的身体感觉更多地与正面的情绪共同出现，负面的身体感觉也更多地与负面的情绪共同出现。当我们吃了无法食用的东西或不耐受的食物而感到恶心时，我们的心情也会因此而变得消极。我们几乎没有见过某个个体感到恶心想吐，可同时却很开心的情况。而当我们觉得身体舒适和愉悦的时候，也会伴有轻松快乐的情绪。不过，这里只是从经验性或统计意义上对身体感觉和情绪之间的关联做了一些描述。它们也有可能出现分离的情况。这一点我们会在涉及情绪的章节中再做探讨。

（4）身体感觉与我们所处的情境、文化背景及社会心理有相对意义上的联系。我们以恶心为例来看：比如，不少中国人会认为变蛋、豆腐乳和鸡爪很美味，但许多外国人则对此难以接受并感到恶心；法国的奶酪被当地人深深喜爱，可很多中国人却无法适应那种味道，以至于觉得恶心。再如，随着经济社会的发展，人类的卫生标准也逐渐提高，对清洁和干净的喜好和重视，使得我们看到粪便等排泄物或不得不与之为伍时，也会感到十分恶心。恶心的感觉甚至与社会道德标准相挂钩，有些行为在一种文化道德体系中不会引起人们的恶心，但在另一种文化道德体系中会引起恶心，有些行为则在许多文化道德体系中都会引起人们的恶心。这说明，身体感觉与特定的场景、文化道德语境和社会心理习俗是有关系的。

（5）身体感觉在相当程度上反映了生活的质量。一般情况下，如果我们身体感觉良好，既没有疼痛，也没有瘙痒，更没有恶心等不快的感觉，那么我们的生命质量就处在一种优质状态。在这个意义上，身体感觉并不仅限于身体，我们也不能狭窄地将其功能和作用限于身体范围。身体感觉如何，对于我们每天的生活和幸福感至关重要。这也许正是由于其不但是身体感觉，而且也是心理状态。不过，在特定的情况下，我们也应该试图让身体感觉更多地回归身体本身。比如，疼痛常会带来个体进一步的心理痛苦。这种痛苦和疼痛并非同一回事。我们可以通过认识到这一点，适当地将痛苦和疼痛分离开来，从而减轻疼痛可能带来的附加的负面感受。心理学家和心理治疗专家们也认识到了这一点。所以，针对疼痛等人们想要逃避的负面身体感觉，有心理学家建议采用正念（mindfulness）等方式，引导人们将注意力从那种感觉所引发的情绪重新回归到身体感觉本身，从而帮助个体减少或取消由此带来的进一步的痛苦折磨。（迪唐纳，2021，270）

　　身体感觉不仅是日常生活中十分重要的感觉体验，也是心理学、医学等领域关注的重点话题。而在近些年的心灵哲学中，以疼痛为标志的对身体感觉的研究，则更多地聚焦于这样的问题，即疼痛等身体感觉到底是不是物理主义（physicalism），尤其是还原物理主义以及类型同一论（type-identity theory）、个例同一论（token-identity theory）的威胁。任何一种物理主义者都会声称疼痛等身体感觉其实就是物理过程，且这种看法会以不同的变种和延伸的形式出现。而反物理主义者则认为，疼痛等身体感觉并不与某种类型的物理过程或某种个例的物理过程必然相关，更不必说二者之间的必然等同了。（Kripke，1972，154）不止于此，疼痛等身体感觉也为其他的立场提出了解释上的困难。比如，功能主义尽管批评物理主义在解释疼痛等现象上的困难，但其自己似乎也无法很好地以输入和输出来刻画疼痛等身体感觉，尤其是它们的那种特定感觉。（Block，1980b）实际上，要对身体感觉给出合理的哲学解释，本身并不容易。尽管与感觉相关的知觉研究也一直是心灵哲学中的难点，但相比之下，知觉过程当中，既包括知觉主体，也包括可能的知觉对象，相应的研究可考虑二者之间的对应性。可是，身体感觉则不但与感受主体自身的关系更为密切，也并不存在那种外在的对象。所以，解释身体感觉的难度更大，这正是由于，我们难以知晓自己之外的主体的真实感受，也难以找到可以与相应感受相对应的、可观察的外部对象。

不过，虽然对疼痛等身体感觉的研究并不容易，相关的哲学讨论也显示了这个主题的难度，也许我们可以放松一点，先搁置身体感觉是否就是某种物理过程（神经过程）、如何客观地研究身体感觉并探寻身体感觉的客观性等问题。因为，从常识观点看来，人们似乎承认身体在身体感觉中的基础性作用。而从心理学等角度来看，也有一些心理学家认为，疼痛等身体感觉背后是身体内部机制运作的显现，并体现了身体的变化。（Cannon，2019）因此，结论还未正式给出之前，我们在讨论这些身体感觉时，适度地引入相关可能机制，应会有一定帮助。无论怎样，要对身体感觉的本质进行考察，并考虑其是否为表征，需要我们从各个方面对身体感觉进行剖析。

二　几种典型的身体感觉

身体感觉有不同的种类，其相应感受也存在差异。根据自然科学的解释，不同种类的身体感觉会涉及不同的身体运行机制。这里我们先关注几种常见的身体感觉及其所涉机制。

（一）疼痛

疼痛是一种常见的身体感觉。这是一种不快的、伤害性的感觉，也是人们想要回避的心理种类。在个体成长的过程中，总会经历大大小小的疼痛。我们也在经历疼痛的过程中，学会了尽可能地避免疼痛感。

从引发疼痛的来源上看，疼痛既有可能是受到外界刺激而引发的，也有可能缘于内在身体部位的异常。一般情况下，当我们的身体受到外界重器的猛烈撞击、锐利物体的刺入、熊熊火焰的灼烧时，我们都会感到疼痛。在这类情形中，疼痛的发生是由于外界对我们进行了伤害性、侵入性的刺激。但当我们体内某部位的器官出现病变、紊乱和异常时，疼痛也可能出现。在这类情形中，疼痛主要受到体内器官运行失常或功能紊乱而引发。

从疼痛的表现上看，疼痛既有可能表现为急性的、突发的，也有可能表现为慢性的、长期的。比如，急性肠胃炎可能会使得某人突然发生肠痉挛或胃痉挛，从而感到急剧的疼痛。这是典型的急性疼痛（acute pain）。而假如由于职业等原因长期伏案工作或久坐，则可能会引发颈椎或腰肌的积累性劳损，以及在此基础之上的慢性颈椎或腰肌疼痛。这是慢性疼痛的例子。

从发生机制上看，疼痛似乎与特定神经过程息息相关。我们的身体如皮肤处分布着痛觉感受器。这些痛觉感受器会通过相关的神经元，传递有关疼痛的信息。不但如此，在疼痛出现或可能出现时，身体当中的运动神经元也会发生作用，使得身体快速躲避引发疼痛的对象。有时候，身体反应及躲避的过程发生得十分迅速，就如快速的自动反应一般，那种快甚至超出人们的心理判断。比如，当我们感觉到疼的那一刻，可能身体已经做出了回避动作。痛觉感受器也针对不同的刺激有不同的种类，并分工明确。有的痛觉感受器专门对温度做出反应，有的痛觉感受器专门对某些化学物质做出反应，有的痛觉感受器则专门对一些机械刺激做出反应。疼痛发生时，相应的神经冲动，会通过身体内部的一系列神经传输过程，最终到达大脑，并被大脑进一步分析。（格里格、津巴多，2016，63，109）可见，有关疼痛的发生过程，我们能够找到一些神经科学和脑科学的相关机制。

虽然疼痛是一种负面的、不快的、我们想要逃避的身体感觉，但从生存和进化角度来看，它仍然具有重要意义。疼痛感可帮助我们停止正在受到的伤害，避免和远离潜在的、可能的伤害。如果我们感觉不到疼痛，那么我们的身体将会轻易受伤，严重者甚至导致生命的终结。疼痛的感觉提醒我们，有些事情最好不要做（比如，不要没来由地将手放在火焰当中），有些物品要谨慎对待（比如，在使用刀具的时候要小心，否则刀刃会伤到身体），有些对象要远离（比如，毒蛇或猛兽）。恰因疼痛这种不舒服的感觉存在，我们才会尽可能地避开疼痛以及可能导致疼痛的对象，来保护自己。不过，虽然疼痛有其生存上的价值和好处，但这并不意味着那种感觉本身是令人愉悦的，或者说因此就是"好的感觉"。生存上的意义和价值并不等于这种感觉本身是正面体验。究其本质，对于处在疼痛中的人而言，疼痛总是一种令人想要回避的负面感觉。

这种不快的感觉解释了我们为什么会想方设法地去缓解甚至消除疼痛。因为疼痛关涉相应的神经活动，所以基于对相应机制的了解，我们往往会采取不同的方案来应对和治疗疼痛。我们会采取外部途径如药物或医学手段来缓解疼痛，比如，止疼片等药物就可被用来减缓甚至消除疼痛。从内部来看，我们的身体有时也会产生特定的物质来缓解疼痛的感觉。比如，我们体内在一些情况下会产生内啡肽，而这种内啡肽则被认为是身体自身产生的天然镇痛剂。

综上可见，疼痛是常见的身体感觉，与身体关系密切，且我们也了解到了一些经验意义上的相应机制。有人因此认为，疼痛就意味着身体某部位出了问题，或者有某种身体变化。但是，疼痛是否一定意味着身体某部位出了问题，或者出现了某种身体变化？这却是个问题。实际上，疼痛的确有一些更复杂的情形。例如，有的人受了严重的伤，但看上去镇定自若，似乎要么感觉不到太多疼痛，要么不受疼痛的困扰。有的人总觉得哪里疼痛，但在看医生并做了各项检查之后，却没有任何身体问题。据此，我们有了一个初步想法：疼痛虽然被我们称作身体感觉，但其并不一定与特定的身体状态及身体变化有必然关联。对此，我们会在下一章专门进行分析。

（二）痒

痒也是一种身体感觉。痒的种类和程度各有不同。从种类上看，首先，不同的身体部位会造成不同类型的痒，如头痒、胳膊痒等。其次，痒的感觉会有一些差别。比如，有瘙痒、轻微的痒、伴随着疼的痒等。从程度上看，痒的感觉有重有轻。有时候，我们会感受到难以忍受的痒。比如，当一个人得了水痘时，那种痒的感觉极其强烈。而有时候，我们却只感觉到一点非常细微的痒的感觉。比如，当一根头发拂过你的面庞时。与疼痛类似，一般而言，人们并不享受痒的感觉，而是希望中止或回避那种感觉。当我们感到痒，却无法阻止那种感觉时，便容易产生焦躁、沮丧等情绪。

痒也有其生存上的功能和意义。痒感能帮助我们抵御外界对身体所施加的一些不友好、不健康的影响。我们会由于感觉到痒而察觉有外界某物在我们的皮肤上。例如，当一只蚂蚁或蜘蛛爬到你的手臂或脖子上时，你会感觉到轻微的痒。这时，痒的感觉有助于你马上识别陌生或外来的、对于身体的可能入侵者，从而快速做出反应，保护我们的机体处在正常稳定的运行状态，避免外界事物入侵造成内部异常。有时候，痒也可能由于我们的皮肤或身体出现不良状况。比如，皮肤过敏或某些身体疾病的外部症候。不过，不同于疼痛的是，疼痛有可能出现在内脏器官中，而痒的感觉则基本限于我们与外界直接接触最多的皮肤这一区域。

从发生机制上看，其也往往是由外界对象引发并导致某些特定神经活动，进而传入大脑并导致人们做出抓、挠等阻止行为。

目前来看，痒的感觉尽管与身体状态有较大关系，也常常是由于身体尤其是皮肤出现了异常情况。但与疼痛相类似，有时也存在这样的情况。比如，我们感到痒，但身体实际上并没有什么异样之处。在这种情形下，痒的感觉也有可能与我们所假设的某种身体状态分离。

（三）恶心

恶心也是一种身体感觉。当我们看到污秽的东西、闻到令人作呕的气味时，常常会有恶心想吐的感觉。这是我们对外界特定事物的自然反应。粪便、鼻涕、呕吐物这些人类的排泄物，以及某些动物如蛆等，都可能引发我们恶心的感觉。不过，恶心的感觉来源不止于外界特定事物。有时候，当我们身体内部出了问题，也会出现恶心的感觉。比如，当食物中毒或胃肠有炎症时，人们也容易有恶心的感觉。恶心的感觉有程度之分。以孕吐反应为例，有的孕妇在孕初期反应很大，不但会感觉到强烈的恶心感，还会经常呕吐；有的孕妇则有一定反应，会感觉到有些恶心，但不会真的呕吐出来；有的则反应轻微，可能只感到有一点恶心而已。

从生存的角度看，恶心也是一种保护性的反应。有些东西（如排泄物）吃进肚子里，不会产生营养，还可能产生有害物质。有些难闻的气味（如腐烂食物的气味、臭水沟散发的恶臭、浓度较高的甲醛所散发出来的刺激性气味）同样无益于我们的身体健康。因此，恶心是一种有利于生存保障的身体感觉。当我们感觉到恶心时，会对引发恶心的外源性对象做出回避，或者将肚里不能吃的东西呕吐出来，从而让自己的身体重回到舒适清爽的感觉。而且，恶心也是一种身体内部不适时候的反应。当我们的肠胃不适时，恶心的感觉会提醒我们身体内部有可能处在异常状态，与恶心相关联的呕吐反应也是肠胃保护自身并试图尽快恢复到正常状态的一种体现。

恶心的感觉虽常表现为生理反应，但其原因则不一定是纯粹生理性的。恶心的发生与社会文化、认知判断与心理状态也存在一定的关系。比如，当想到与嫡亲的异性兄弟姐妹发生性关系时，许多人会感觉到生理性恶心，这既体现了自然进化过程对我们繁衍生息的保护，也体现了我们对近亲之间性关系的文化和认知排斥。不仅如此，异常的性倾向（如恋童癖、恋尸癖）以及异常的行为癖好（如食腐行为），也会令许多人感到恶心。从更深层次的心理来看，我们似乎一直在通过保持清洁、远离污秽等生活习惯和偏好，来显示自己与其他动物之间的区别，以体现人类的特别、高级甚至优越之处。（Goldenberg et al., 2001, 429）

恶心与厌恶（disgust）看上去比较接近，甚至在某种意义上二者可以等同，但二者仍有差别。首先，厌恶是一种更为复杂的情感，也总是指向某种厌恶对象。不存在没有厌恶对象而单纯厌恶的情况。恶心则是与身体更为相关的感觉，其并不一定指向某个对象。恶心可以是单纯的恶心感，不涉及任何一个对象。如前文例子中所述，恶心有时仅仅是肠胃不舒服的感觉。其次，厌恶有时包含或容纳身体层面的恶心感受（如对腐烂的尸体感到厌恶时可能伴随有恶心），有时则不包含那种感觉，其可能仅仅是一种排斥和回避性的态度（比如，对某人的欺骗行为感到嫌恶而不再与那人打交道，却并不产生生理性的恶心感），但恶心则一定包含那种特定的、难受的、想要呕吐的身体感觉。

恶心与疼痛、痒类似，也存在与身体特定状态相分离的情况。尽管人们会倾向于认为恶心意味着身体内部有异常情况，但有时我们感到恶心，身体却并没有什么异常情况。

三　身体感觉和表征

身体感觉的表征论认为，基于因果协变的表征理论，身体感觉是一种追踪身体状态和变化并与其共变的表征。比如，疼痛是一种身体表征，表征着身体出现了某种异常状况和损伤。痒也是一种表征，它表征和追踪着身体的特定状态（如皮肤被轻触）和过程。其他的身体感觉也类似地表征某种身体状况或变化。（Tye，1995）

进一步，身体感觉的表征论认为，身体感觉作为现象意识，其现象特征就是那种特定的表征内容。比如，疼痛的现象特征就是其表征内容，而由于经验的透明性原则（the transparency of experience）（即当我们反思或内省经验本质时，只能内省到经验对象及其相应的性质），也即其所追踪的身体状态或变化，就如"那个部位有些不对劲""那个部位有组织损伤"；或者，痒的感觉也是其表征内容，即其所表征的那种身体变化，如"那里有特定的状态变化"等。

身体感觉的表征论试图通过将身体感觉看作表征（尤其是那种自然化意义上的表征），从而去除身体感觉中那种不好解释的私人性和主观性，进而消除现象意识的那种特殊性和神秘性。这种思路本身的意图是将心灵，特别是现象意识以表征化的方式自然化。但关键问题在于，身体感觉到底是表征吗？

前文中，我们已经对表征的基本特征做出了描述。我也已经表明，论证某物是不是表征，可以独立于相应的表征理论，直接考虑其是否符合表征的基本特征。因此，我们在这里可以根据前述表征的基本特征，将身体感觉是否为表征这一问题直接分解为如下几个问题。

（1）身体感觉是否具有指向性？

（2）身体感觉是否有相应的心理内容？

（3）身体感觉是否有真实和非真的情形？

（4）身体感觉是否有认知内涵？

如果对于身体感觉的上述答案都是肯定的，那么便会对身体感觉的表征论形成支持。我们会在讨论具体的身体感觉尤其是疼痛时，从这几个问题切入展开。后面，我们将会看到，疼痛等身体感觉并没有明确的指向性，也没有相应的心理内容，更不存在真实与非真之分，且并没有对于客观对象的认知内涵。因此，疼痛等身体感觉并非表征。

本章小结

身体感觉是每个人都熟悉的、与身体密切相关的感觉。身体感觉如何，与我们的生活质量有直接的关联。身体感觉包含那种特定的感觉，不同的身体感觉有不同的特定感觉，因此，身体感觉属于现象意识。常见的身体感觉包括疼痛、痒和恶心等。这些身体感觉，可按照产生来源、表现、程度等不同标准划分为不同的类别。它们各自的现象特征都不同，这足以使它们彼此相区别。本章对疼痛、痒和恶心做了分别的、不同方面的描述，也阐述了可能的相关机制。在对这些不同种类的身体感觉的描述和说明中，我们发现，虽然我们一般倾向于认为，身体感觉一定意味着身体出现了某种状态或变化，但似乎也存在我们有某种身体感觉，却并没有相应的身体状态或变化的情况。不但如此，恶心等身体感觉有时并不指向某种对象，而是单纯的难受和不适感。这显示，其并不必然具有指向性。身体感觉和相应身体状态或变化可分离的情况，以及身体感觉不必然具有指向性的情况，都为我们后面论证身体感觉不是表征提供了基础。身体感觉的表征论者认为，疼痛等身体感觉都是表征，且它们表征着相应的身体变化如组织损伤等。但我们要考虑的是，仅根据表征的基本特征来看，身体感觉是否是表征？下一章的讨论中，我们会通过对疼痛这种典型的身体感觉的讨论，指出身体感觉虽然是现象意识，但却并不满足成为表征的标准。

第 四 章

疼　痛

一　疼痛是一种什么样的感觉

疼痛是一种典型的、常见的身体感觉。它包含那种特定的感觉。这种感觉主要是伤害性的、想要逃避的、令人不快的感觉。这种感觉可使我们将其识别为疼痛而非其他的感觉。常人几乎都经历过各种各样、程度不一的疼痛。因此这种体验对我们来说也非常熟悉。

依据不同的标准，疼痛可分为不同类型。根据疼痛的感受特征及发生方式，疼痛可分为灼痛（burning pain）、钝痛（dull pain）、撕裂痛（tearing pain）、绞痛（colic pain）、刺痛（stabbing pain）、咬痛（biting pain）、挤痛（squeezing pain）、压痛（pressing pain）等；根据疼痛相关的身体部位，疼痛可分为头痛（headache）、心痛（cardiac pain）、手痛（hand ache）、腰痛（backache）、腿痛（leg pain）、脚痛（foot pain）等；根据疼痛的持续时长，又可分为急性疼痛和慢性疼痛。

总体上，疼痛是一种人们倾向于回避的负面体验。负面体验对于人生的影响主要是消极的。一段健康、幸福、快乐的人生，一定会更少疼痛。而疼痛如果在人生体验中的比例太高，也肯定会降低幸福感。一般经历过严重、剧烈、长期疼痛的人，对于人生的幸福、成功和意义也往往会有一些新的看法。疼痛既简单又复杂。其简单在于，疼痛是一种基本的身体感觉。其复杂在于，对于人类而言，不同的疼痛体验、我们对疼痛的表达和描述、疼痛的社会文化背景，这些都存在于我们对疼痛的理解中。

研究疼痛有重要价值。第一，疼痛往往和人类的疾病密切相关，而如何治疗疾病、如何克服和避免疼痛，对人类的生存、发展和生活质量来说至关重要。医生们不仅要治愈疾病，也要努力缓解和消除患者的疼痛感。这便是在临床诊断和治疗中，为什么医生会常常询问患者：是否有痛感？如果有，是哪种类型的痛感？痛感的剧烈程度如何？这不仅是医生判断病情的重要依据，也是他们特别关注的对象之一。第二，对疼痛的诸多看法，也衍生为不同的伦理学以及宗教学方面的主张。享乐主义、功利主义、情感主义、基督教、佛教等，都以不同的视角对疼痛做出过各自的论述。第三，在哲学当中，疼痛不仅是涉及身体感觉这方面的哲学要解释的对象，也作为典型的心灵现象，以特有的方式参与到许多重要的哲学探讨中。心身问题、意识问题、理解和指称问题的各种哲学讨论和争辩中，常会见到疼痛这个例子；心灵哲学当中的不同流派如物理主义、功能主义，包括我们这里的表征主义，也常常会着重关注疼痛这一特殊的心理状态，以便从不同的视角，或者为自己的立场做辩护，或者反驳某种立场。

在 2020 年的《疼痛》期刊上，国际疼痛研究协会的专家们给出了一个有关疼痛的最新定义：

> 与实际或潜在的组织损伤有关或好似有关的一种不快的感觉和情感经验。（Raja et al. , 2020, 1977）

看起来，心理学家们相信，疼痛也许与"实际或潜在的组织损伤"真的有关，也许只是看上去有关而其实无关。在相应注释中，学者们也做出了更多的说明。这些说明提及：疼痛受到生物、心理和社会因素影响；疼痛不利于个体的多方面福祉；等等。而特别值得我们注意的包括："疼痛和生理性伤害感受是不同的现象，疼痛不能仅从感觉神经元的活动中推出"；"一个人的疼痛经验报告应该得到重视"；"言语描述仅是诸多表达疼痛方式中的一种，无交流能力并不否定人或非人动物的疼痛经验。"（Raja et al. , 2020, 1977）可见，这一最新定义容纳了自然科学对疼痛的理解倾向，照顾到了我们对疼痛的常识性看法，也考虑到了疼痛可能出现的特殊情况。而且，学者们已经客观地看到，疼痛可能与组织损伤有关，也可能只是看起来有关联，甚至他们认为，我们不能仅凭相应的神经活动，就得出疼痛存在。他们尊重主体的疼痛报告，也尊重无法用语言表达的疼痛感受本身。这充分说明，自然科学家们承认疼痛是一种主观的个人感受。

结合以往的自然科学研究，我们可以从两方面来理解科学家们对待疼痛的态度。

一方面，科学家们试图对疼痛的运行机制以及相关影响因素做出说明。例如，一般来讲，科学家们认为，疼痛或者痛感，是身体受到各种（物理、化学、电等方面的）刺激，从而导致痛觉感受器做出反应，并将神经信号传递到大脑的过程。（彭聃龄，2004）门控理论（gate control theory）将脊髓背角视作促进或抑制身体和大脑之间疼痛相关信息的大门。痛觉神经矩阵理论（neuromatrix theory of pain）则将疼痛归因于大脑神经网络的输出模式。（Melzack & Wall, 1965；Melzack, 1996, 2001）也有学者从其他角度指出，我们在经历疼痛时，肾上腺素会起到相应的作用并导致一定的身体状态，血糖也会有所上升。（Cannon, 2019, 52, 66）心理学家们认为，疼痛能够保护我们不受或少受伤害，且与

文化、环境、认知、暗示、注意的影响等各种因素都有一定关系。（彭聃龄，2004）

另一方面，科学家们也承认疼痛自身的主观特征和不可度量性。科学家们发现，由于疼痛有主观感受特征，因此对疼痛进行客观研究（尤其以观察和测量其他公共对象那样的方式）有较大的难度。心理学研究中，并没有专门测量疼痛的设备和装置，一些相关测量方式也都只能间接地对疼痛做一些外围的数据收集，难以分辨不同主体的差异。目前来看，许多科学研究人员会让被试自己指出疼痛的级别和程度。比如，会让被试考虑用0（最小）到10（最大）之间的数字来形容自己的疼痛等级。在此基础上，研究者倾向于对主体的疼痛报告予以充分的信任。这也是临床医学中采取的主要判定依据。

可见，虽然研究者们也注重从组织损伤和行为表现等去衡量疼痛是否存在及其强烈程度，但如果主体能够进行疼痛报告，那么那种主观疼痛报告似乎是更加可靠的临床依据。当然，这些报告的可信赖性之前提，是主体如实表述了自己感受。无论怎样，原则上讲，对于研究者而言，哪怕是神经科学方面的相关机制和证据已显示可能有疼痛存在，只要主体没有感受到疼痛，也没有据此而报告疼痛，那么便不能随便断定疼痛的存在。这大约体现了这样一种认识，即疼痛的存在一定是以主体感受为最终依据的。而且，从医学和治疗的层面上，采取措施之后让主体的疼痛感受消失，也是治愈非常重要的部分。这一过程，虽常常有赖于药物、手术和治疗，但也未必全都如此。总之，对于疼痛的主体感受性的关注，显现了当今研究者对疼痛更深刻的理解和对疼痛主体更多的尊重。

结合心理学和日常认知，疼痛这样一种感觉有如下特征。

（1）疼痛是活着的感觉经验之一。只有活着才能感到疼痛。

疼痛的主体既不能是非生命状态，也不能是死亡状态。作为主体活着的经验之一，疼痛会有一些特殊情况。比如，一个感到疼痛的人在睡着之后，那种感觉会相对减轻，甚至暂时"消失"。不过，如果一个人处在剧烈的疼痛当中，也很有可能难以入眠。总体看来，疼痛在主体醒着的时候更明显。

（2）疼痛是一种负面的身体感觉，主体会感到不快、不舒服、难受，并力图避免或中止这种感受。身体疼痛易引发痛苦的心理状况。虽然如此，仍有一些特别的情形需要考虑。第一种特别情形是，对于特定的主体来说，疼痛不但不令其感到不快，反而令其感到愉悦。比如，一个（身体上的）受虐狂就喜欢感受疼痛，并认为疼痛令他愉快。但是，尽管初看上去受虐狂似乎在感到疼痛的时候其感受与常人相反，可事实上，其之所以感到愉快，恰恰是由于首先存在那种不快的感觉，或者说，正是那种不快的感觉令其感到愉快。这恐怕与我们刚才所理解的那种表面意义上的受虐狂的疼痛的"愉快"感受不同。毋宁说，受虐狂是在不快的基础上感到愉快，所以不能说受虐狂的疼痛感受不包含不快的感受，更不能说疼痛感受可以是"愉快"的。第二种特别情形是，有时疼痛存在，但我们却好似感觉不到它。比如，一个战场上的英勇战士，可能在负伤的情况下依然顽强战斗，此时他好像感觉不到什么疼痛。有时只在厮杀结束之后，奋勇拼搏的战士才突然感觉到剧烈难忍的疼痛。与之类似的是，当在处理特别重要的工作或处在危急时刻时，由于注意力全部集中在那些要紧的事情上，个体也可能感觉不到那种疼痛的存在。但是，在这些情形中，疼痛依然是存在的，也许这时大脑为了让个体处理更加攸关的事情，才会相对抑制疼痛感。但我们会发现，注意力一旦回到疼痛，那种不快的、难受的感觉便马上会出现。这说明，疼痛并未因为我们的注意力导向而真正消失。第三种特别情形是，一些主体能感觉到疼痛，但却不会觉得不快，或不再想要立即回避和中止那种感觉。比如，在大脑受到特定损伤或经历某种手术之后，有的人仍然能够感觉到疼痛，却不会觉得像以前那样有十分不快或讨厌的感觉了。这或许体现了疼痛感的某种减弱。但是，既然主体依然报告疼痛存在，那么那种感觉虽有程度上的差别，却不至于不再是疼痛感，否则，主体也不会做出疼痛感的相关报告。

（3）疼痛有主观性和个体性。对于每一个疼痛主体而言，疼痛具有强烈的主观和个人属性（或者私人属性），他者可以知晓、理解和同情某个个体的疼痛，但却无法做到真正意义上的感同身受。即便是他者曾经经历过类似的疼痛，也有非常类似的记忆，也不能在那一刻体会到另一个体的疼痛。我们当然可以设想，同样的感受在某一个体身上出现的同时，也在另一个体身上以完全等同的方式出现，但这依然不能表明此个体的疼痛与另一个体的疼痛是同一个疼痛，因为它们分属两个个体，并非同一个疼痛。而且，这样的设想似乎已经事先排除了疼痛的个体性和主观性，否则，我们以什么样的客观标准才能安排那种完全等同的疼痛？可见，这一设想算不上是对疼痛的主观性和个体性的冲击，因其假设了相反的前提——即疼痛有某种客观公度，这样两个个体之间疼痛的等同性才能够保障。可是，如果疼痛是主观性和个体性的，那种情况则根本无法开始。疼痛是一种主观的感受，这既是心理学界对于疼痛的基本看法之一，也是一种事实。心理学家和医学研究者会在一个主体给出疼痛报告时，相信其所报告的疼痛的确发生了。这意味着，他们相信主观疼痛的存在，也相信主观疼痛可以是一种事实。此外，当看到自己的家人朋友经历难以忍受的疼痛时，我们除了着急担心再无其他的感受，这便是最为清楚明显的情况，其充分证明了疼痛的主观性和个体性。

（4）疼痛似与身体位置（尤其是某处的组织损伤）有关，也会引发主体对疼痛的注意转向。疼痛总是某个具体身体部位的疼痛，比如手、头、脚、肩膀、膝盖、肠胃、心脏等。当个体这些身体部位有痛感时，其注意力一般也会马上转向这些部位。主体会推测，也许某处有异常或问题，并通过适当行动来缓解和中止疼痛。看上去，或许疼痛与身体位置（尤其是那个位置的组织损伤）有关系，因为我们发现，疼痛似乎总是在某个身体位置。可是，正如前述，有时我们感到哪里疼痛，可就医后发现没有什么异常，也没有组织损伤，这说明疼痛与组织损伤没有必然联系。不但如此，后文中的幻肢疼痛情形则表明，疼痛与我们所认为的某个身体位置也没有必然关系。因为，即便那个身体位置不存在了，我们似乎还能感到那个"位置"有疼痛感。

（5）疼痛有其警示功能，能提醒我们识别和远离危险、保护和发展生命。疼痛虽然是一种负面感受，但仍有其正面价值。这种价值主要是生物学意义上的生存性价值。被火烧了手，被蛇咬了手，这些情况都会导致主体的疼痛感，而这种不快的、不舒服的疼痛感，不仅会在当时让主体迅速做出反应，也会让主体在以后的生活中避免因再犯同样的错而再次感受到那种疼痛。疼痛帮助我们学习如何处在安全情境中，也有助于通过提示和储存相关记忆，促进个体更好地生存和成长。因此，疼痛感的存在是一种对个体的保护，即便个体并未遇到威胁，或在实际中并未经历疼痛，它依然有其生存性功能。不过，正如前文所说，有生存性价值和正面价值，并不等同于其在感受层面上也因此而是正面的。疼痛总是一种负面感受，也总会因其感受层面的负面特征而引起人们的回避倾向。

（6）疼痛会干扰人们的正常工作和生活，也有可能限制身体的基本活动。在生活中，我们发现，遭受严重疼痛折磨的个体，其正常生活和工作会受到不同程度的影响。相关个体不仅在工作种类、工作范围和工作完成度上受限，在生活上也存在各种困难，有时他们甚至难以完成一些基本的身体活动（如站立、行走、跑步、跳跃、弯腰等）。这对个体的生存、行动和发展来说都是不利的，也容易造成个体更深层次的痛苦。所以，无论是在持续时间上，还是在强烈程度上，过度的疼痛确实会对个体的福祉造成消极影响。

我们已经对疼痛是一种什么样的感觉做出了基本描述，也对疼痛的一般情形做出了说明。这其中，有两点值得我们注意：第一，疼痛有其特定的、不快的、难受的等主观感受特征；第二，疼痛的发生与身体位置和组织损伤之间，虽时有一定关联，但并无必然关联。接下来，我们来了解几种棘手的疼痛情形，并看一看，在对这几种棘手疼痛情形的分析中，我们能否得出关于疼痛的更多论断。

二　几种棘手的疼痛情形

克里普克、布洛克等哲学家都将疼痛看作物理主义、功能主义等难以应对的例证。从这一点看来，疼痛已然显现了其足够的复杂性和棘手性。而在疼痛这一大类的内部，还有几种无论自然科学还是哲学都难以处理的情形，那就是慢性疼痛、幻肢疼痛，以及动物疼痛。对这几种疼痛情形的依次分析，将有助于我们后面进一步的讨论。

（一）慢性疼痛

慢性疼痛或持续疼痛，指个体长期存在（三个月、半年及数年以上）的某种疼痛。慢性疼痛与急性疼痛相对，这主要是从持续时间上划分的。与慢性疼痛不同，急性疼痛在持续时间上要更短一些。如果疼痛只持续几小时到几周，其基本属于急性疼痛范畴。

引起慢性疼痛的原因复杂多样。有些疾病包括慢性病（及其引发的炎症）会导致慢性疼痛。有些急性疼痛，如果没有得到及时缓和与消解，也会转变为慢性疼痛。此外，癌症、心理障碍等不同因素，都有可能引起慢性疼痛。有些慢性疼痛甚至难以找出单一的确定性病因。许多患者会由于慢性疼痛而受到长期折磨，并因此影响正常的工作、生活和休息。临床证据表明，受疾病困扰的患者中，有20%有慢性疼痛的情况；而在老年人当中，则有50%有慢性疼痛的情况。（迪唐纳，2021，276）不少慢性疼痛的患者，会感到心理上的低落、沮丧、抑郁和焦虑。可见，慢性疼痛确实是一个值得特别关注的疼痛情形：

> 慢性疼痛是目前被低估的最大的健康问题，它不但对病人的影响颇具杀伤力，对于现有的医疗体系也是一个巨大的负担。（阿里迪纳，2019，255）

> WHO（世界卫生组织）研究发现，全球有1/2～2/3的慢性病患者都很难像一般人一样正常地运动、睡眠、做家务、参与社交运动、驾驶、行走或进行性行为。（阿里迪纳，2019，255）

在临床医学中，药物对于剧痛或急性疼痛的治疗效果往往比较好，可对于慢性疼痛的治愈则相对困难。这说明，针对慢性疼痛，即便我们了解了疼痛相关的可能机制，也难以使物质性药物在其中产生特别有效的作用。这似乎使得可能存在的相关机制与慢性疼痛之间的关联进一步减弱了。

不同性格的人对慢性疼痛的易感性有差异。生活态度更积极、对人生更有意义感和掌控感的人更不易生病，进而也更不易感慢性疼痛。相反，更加容易愤怒或焦虑的人，疾病则更加容易出现，相应地，他们也对慢性疼痛更加易感。（迪唐纳，2021，277）此外，外部环境也会起到一定的作用。比如，一个充满压力的环境和一个相对宽松的环境相比，前者比后者更容易引发个体的慢性疼痛。可见，涉及慢性疼痛以及引起慢性疼痛的疾病、人格特质、情绪状态和外部环境因素，都会对个体在这方面的易感性起到关键的作用。

不仅是在易感性方面，上述因素对已有的慢性疼痛也会起到强化或弱化的影响。从外部环境和场景来看，慢性疼痛有时会因个体所处境况不同而变得更好或更坏。当个体处在一个容易触发紧张和压力的环境当中（如面临考试或激烈竞争）时，已有的慢性疼痛可能会加剧；而当个体处于一个相对放松的环境中（比如，与自己信任并依赖的亲朋好友一起共度时光，或者得到了温暖和精心的照顾），慢性疼痛则可能会缓解。从个体的性格特质来看，开朗乐观的个体，其已有的慢性疼痛会适度减轻；而抑郁悲观的个体，其慢性疼痛可能更易严重。从个体本身的情绪状态来看，心情愉快舒畅时，个体的慢性疼痛会得到一定缓解；而焦虑恐惧时，个体的慢性疼痛则会变得更严重，而且，对慢性疼痛本身的恐惧也会加重那种难受的感觉。（阿里迪纳，2019，296）所以，如果个体能够充分利用积极的心理资源进行良好的情绪管理，对于慢性疼痛来说是有利的，也容易使其得到更好的控制和缓解。

可以说，慢性疼痛一直是医学上重点关注的对象，也是不少人在生活上的障碍。从其特点来看，慢性疼痛之所以不好处理，主要是因为以下几方面挑战。

（1）慢性疼痛的原因不易确定。虽然慢性疼痛常常是一些特定疾病的症候，但其发生却常常是综合因素起作用的结果，与患者的生活、个性、人格、习惯、思维方式、喜好以及长期的紧张、操劳、压力（内在和外在的）、焦虑或抑郁等都有一定的相关度。目前来看，虽然我们能够根据病症确定一部分慢性疼痛的来源，但却难以为更多的慢性疼痛确立单个的原由。而慢性疼痛背后的这种复杂性，也为寻找更清晰的解释机制带来了困难。

（2）慢性疼痛难以治愈。恰因慢性疼痛的原因多样且不易确定，其治疗和治愈也并不容易。慢性疼痛本身持续时间长、病因也常常比较复杂，因此简单地针对某个特定的疾病进行治疗，效果不一定理想。这对于医学工作者和研究者来说确实是一个挑战。

（3）有的患者会出现适应慢性疼痛的状态，从而导致慢性疼痛表现为"时有时无"的隐约存在状态。当慢性疼痛持续长达数年之久，有些患者便逐渐适应与其共存的生活，这种适应表现为对慢性疼痛的"麻木"，并时常忽略那些疼痛，① 好似它们不存在了一般。与上述我们提及的疼痛的一般情形一样，不少人在集中精力工作，或者全神贯注地做某事时，就会忘记或感觉不到自己长期以来的慢性疼痛。这种现象使得人们不免怀疑，在慢性疼痛被常常"忽略"，或者个体对其愈加适应之后，那种慢性疼痛的感受特征是否还足够明显，以至于能够支撑我们的这样一种常识，即慢性疼痛并未因我们的"不注意"而消失，它始终存在，而不是有时存在，有时不存在。

（二）幻肢疼痛

再来看幻肢疼痛。幻肢疼痛可这样描述：一些患者截肢手术

---

① 也许在某种意义上说，这种忽略的能力具有一定的习得性。

之后依然能够感到已被截肢的地方有疼痛感，哪怕因为截肢，那个他所感觉到有疼痛的部位（无论是上肢还是下肢）已然不在。从医学上看，幻肢疼痛现象最早是一位16世纪的法国外科医生首次进行描述的。（Subedi & Grossberg，2011）临床上有不少关于幻肢疼痛的案例。

幻肢疼痛的存在，涉及疼痛是否有真假的问题。我们会发现，对于幻肢疼痛的主体来说，其感觉到疼痛的那个部位已经不存在，但却仍然好似存在，且还有相应的痛感。这其中似乎首先包含着某种对于不存在的肢体的幻觉（那一肢体事实上不存在，但主体却感到其存在）。这里需要注意的是，这种幻觉并非像视幻觉那样，是典型意义上的知觉—幻觉。因为，在视幻觉中，个体会在没有某个对象实存的情况下好似"看到"那个对象。可幻肢疼痛中的幻觉并非是个体好像看到了自己已经失去的肢体，而毋宁说是在运动知觉的基础上感觉到自己的肢体似乎存在。在此基础上，那种痛感也显得很真实。可是，我们已经知道，知觉有真实与非真的情况。这里对于不存在的肢体的知觉，可以通过视觉、触觉等模式进行纠正，从而发现自己产生的其实是幻觉。可是，疼痛的感觉却难以被纠正，其并不具有可纠正性和可错性。因此，幻肢疼痛的情形中虽然包含着知觉意义上的幻觉，但却不具有疼痛幻觉，也不能据此而断定说，幻肢疼痛的情形就是错误疼痛的例证。所以，尽管幻肢疼痛看上去好像可以用来论证错误疼痛的存在，但实际上却恰好证明疼痛是不可纠正的，也是不可错的。

幻肢疼痛情形对自然科学研究和哲学的挑战在于：

（1）幻肢疼痛的治疗有一定难度。研究者认为，幻肢疼痛的产生由多重机制（外围机制、中枢神经机制、大脑变化等）负责。（Subedi & Grossberg，2011）按照常理，不再实存的身体部位不应有疼痛的感觉，因其已经不复存在。但是，在幻肢疼痛情形中，即便相应的身体部位不存在了，相应的疼痛感却仍然存在。尽管对于大多数患者来说，这种疼痛感会逐渐自行消失，可仍有少数人会继续受其折磨。临床医学在此处面临的困难是，已经没有了可能的直接治疗对象，但却需要处理相应的疼痛感。目前针对幻肢疼痛的治疗手段多样，包括药物（止痛药等）、注射、神经刺激、按摩、针灸、康复运动等。其中镜像疗法（mirror thera-py）效果甚佳，即通过让患者照镜子（尤其是在镜中看完好的那只手臂或腿并做运动），并辅以其他的有效策略，从而缓解幻肢疼痛。（Kuffler, 2018；Wilcher, Chernev & Yan, 2011）但即便如此，经历幻肢疼痛的个体依然要经历一个人为的、干预性的心理重建和转变过程。

（2）对我们所认为的一种常识性理解——疼痛与身体部位之间有密切甚至必然关系——提出了挑战。我们一般会认为，某个身体部位的疼痛总要以那个身体部位的存在为前提。但在幻肢疼痛中，那个部位已经不存在，患者如何还能感觉到像以往一样的疼痛？对于个体而言，疼痛并没有变化，变化的是身体部位的存在与否。这也许表明，身体部位的存在与否，和相应的身体疼痛的存在与否，似乎没有必然关联。

（三）动物疼痛

上述两种疼痛情形与人类的健康和医学有密切关系，但从哲学意义和哲学价值上看，还有一种疼痛，由于跨物种的缘故，也值得我们关注。那就是人类以外的动物的疼痛。我们知道，对于人类疼痛的研究已经取得了越来越多的成果，在临床治疗时人们也会使用镇痛剂或者特定的手术来缓解或治疗疼痛。那么，关于动物疼痛研究到何种地步了呢？对人类疼痛的研究能否直接推演到动物身上？这里不仅涉及如何客观研究的问题，还涉及伦理学等其他领域的问题。譬如，动物实验、宰杀动物等行为是否在道德上是合理的。

虽然存在一种大致观念，即认为动物也会有疼痛感受，但人类的许多认知和实际行为要么不假设这一点，要么即便认同这一点也并不真正在意。较早以前，人们甚至不认为动物也有疼痛。随着对动物相关研究的推进，人们才逐渐接受动物可能也会感到疼痛这一事实。不少学者基于此，指出我们应该停止对有痛感的动物的虐待，并减少不必要的动物实验。

无论如何，从论证上考虑，动物疼痛这个主题本身仍存在一定困难，且给我们探讨疼痛这一心理类别也带来了更多困难。其中，有些方面的困难在此前我们探讨疼痛时已经描述过，因此看上去并不陌生。

（1）论证动物也有疼痛存在困难。人类之外的动物有疼痛吗？即使它们有疼痛，那种感受是否与我们的感受类似？目前来看，论证动物也有疼痛感主要有三种路向。（Rowlands, 2002, 6 - 8；辛格，2018，15）：

①人在受到伤害、经历疼痛时，会有特定的身体反应和行为表现（如扭曲身体、号叫、躲避等）。而动物在受到物理伤害时，也会有特定的、类似于人在经历疼痛时的身体反应和行为表现（如扭曲身体、号叫、躲避等），所以动物也有疼痛感。

②人的疼痛发生时，有相应的神经生理基础（如大脑及相关机制）。许多动物在生理和神经层面和我们类似（如也有大脑及类似的神经通路过程），因此动物也有疼痛感受。

③从进化论的角度，动物有疼痛感受可使得动物趋利避害，因此有理由认为动物有疼痛感。

但困难有三。第一，疼痛是一种主体自身的主观感受，可是以上三种路向都没有，也无法从主观感受的角度展开论证，因此有其局限性。这三种论断，即便前提成立，最多也只能使得我们推定（而非断定）动物的疼痛感受。第二，无论是特定外部行为表现、特定神经生理状态还是趋利避害的功能，都不一定与疼痛之间有必然关联。我们可以想象无特定外部行为表现而疼痛依然存在，也可以想象没有某种神经生理基础（如大脑）但疼痛依然存在，同样可以设想动物趋利避害而疼痛不存在（可能动物只是有某种难受的感觉而非疼痛）。第三，以上前两项都是通过类比人而对动物疼痛做出的推测，但实际上跨物种的推测相比同类（如都属人类）的推测要更加困难，因为后者的感受系统是相同的（就人类而言，我们互相之间还可以通过语言进行有关疼痛的描述和交流，以达到对彼此疼痛在理智上的理解），不同物种之间的感受系统，虽有可能类似，但也有可能完全不同。这样一来，人类的疼痛表现或相关的神经机制等，就不能为我们提供可靠的参考，并照此去断定动物当中必然是同样的情况。

（2）如果动物也能感受到疼痛，那么什么是动物有疼痛的充分必要条件呢？能够感受到疼痛的最低界限在哪一类物种？这些问题从经验层面看，仍尚未有明确答案。不过，如果前述所言为是，即疼痛与大脑等神经机制无必然关联，那么我们便可以假设，没有大脑等神经机制的动物也可能存在疼痛。而如果事实表明，没有大脑等相应神经机制的动物也能感受到疼痛，那么这便至少证明，大脑不是疼痛存在的充分必要条件。

三　疼痛的表征论及反对意见

（一）疼痛的表征论

在强表征主义的框架下，疼痛的表征论其主要观点基本如下。

（1）疼痛是一种表征，其表征着身体某些部位或者这些部位当中的一些不好的过程和状态，具体来说，其表征着组织损伤。

（2）疼痛的现象特征就是其表征内容。

我们仍采取本书的基本思路，主要来关注（1）。表征论者认为，疼痛是一种表征，那就意味着疼痛具有表征内容。塔艾等表征论者实际上认为，疼痛的表征内容便是其表征对象，即那种身体部位，或者身体位置当中的组织损伤。不同的疼痛表征着不同的身体部位及不同的组织损伤或者失调。

疼痛的表征论者在论证疼痛是表征时，也从疼痛和知觉的类似性来讨论。比如，我们都知道，知觉总是指向相应的某个知觉对象，并且知觉不一定是概念性的。塔艾则认为，疼痛的情形也类似，虽然其并未指向某个外部知觉对象，但是却指向了某个身体部位，因此其意向或指向对象就是那个身体部位，同时这也是疼痛的表征内容。强表征主义的辩护者伯恩也认为，如果疼痛不具有意向性，那么则难以解释我们为什么会感觉到疼痛处于某个特定的身体位置。（Byrne, 2001）后文的分析中我会指出，疼痛并无什么指向性。我们在感到疼痛时，注意力转移到疼痛所在的身体位置，这只能说明，我们的注意力是有指向性的，而不能证明，疼痛那种感觉有指向性。

不仅如此，疼痛在塔艾等看来也存在真实与否的情形。比如，他认为幻肢疼痛就是非真疼痛的一种表现。这大概缘于其中存在一个他所认同的前提，即如果没有疼痛所发生的身体位置，那么疼痛也就无法发生。在幻肢疼痛情形中，个体会感觉到在已失去的肢体部位有疼痛。但在塔艾等人看来，那个肢体都已经不存在了，何来的疼痛感呢？必然是个体幻觉了肢体存在，也出现了疼痛幻觉。既然那个身体部位实际上不存在，那么那种疼痛实际上也便不存在。哈曼则从另外一个方面论证了疼痛也存在不真实的情况。他认为，如果我们感到一个部位疼痛，并以为那个部位出了问题，但实际上却是另外一个部位出了问题，这就是一种非真的疼痛。（Harman，1990）比如，一个人感到腿疼，便以为腿出现了问题，但实际上可能是心脏导致的问题。索尔则认为，如果我们某处有痛感，而实际上那处身体部位并无什么特别情况，那么那种疼痛就是错误或非真疼痛。（Thau，2002）

这些所谓有"错误疼痛"存在的看法，在我看来都不成立。这其中，首先存在一些本身就成问题的前提。比如，塔艾假定，如果没有某处身体位置，似乎就不可能有相应的疼痛。确实，我们的身体本身是一个重要的基础，因为疼痛毕竟是身体感觉，需要身体本身存在作为前提。但是，这并不意味着我们的疼痛一定需要某个我们所以为的对应部位存在。哈曼和索尔的前提假定则是，某处的疼痛一定与那处的异常情况有必然关联，因此如果某处没有出什么异常情况，那么疼痛也就不是真实的疼痛了。可是，根据这一论证，结论似乎不应该是：疼痛可以是错误的。而应该是：不存在疼痛。可疼痛分明存在。当然，这种论证思路也许可以换一下，而转变为：某处的真实疼痛一定与那处的异常情况有必然关联，因此如果某处没有出什么异常情况，疼痛便是非真的。可是，这一论证存在两个问题：第一，其前提中已经包含了真实疼痛与某处异常情况之间的必然关联，可他们要论证的本身就是疼痛如何是真实和非真的，这样看来，存在循环论证之嫌；第二，真实疼痛与某处的异常情况之间的必然关联，这一点并没有明确论据支撑。

无论怎样，这种对于疼痛与某处的异常情况之间有必然关联的假定，我们此前其实已经讨论过。可以说，没有充分的理由表明，某处疼痛与某处的异常情况之间一定有关联。情况甚至相反。当一个人感到自己某处疼痛，但就医后发现没有任何问题，可那种疼痛却依然存在，这恰好说明疼痛与某处是否有异常情况没有必然关联。而我们的疼痛感本身，如前所述，是不可纠正的，我们不会因为某个身体部位实际上并不存在这一事实，使得疼痛得以纠正。疼痛几乎还是会和此前一样。

（二） 对疼痛表征论的反对意见

针对疼痛的表征论，有如下几种反对意见。

（1）疼痛不是关于某个对象的，因而不具有意向性，也不是表征。麦金等人对此有直接的反对意见。比如，麦金曾指出，疼痛不具有视知觉那样表征世界的方式，也不具备表征内容。（McGinn，1982，8）罗蒂则直接表明，疼痛并不具有意向性，也并不是关于其他事物的，因此并非意向性或表征。（Rorty，1979，22）这种观点认为，疼痛不是一种意向性，因其并不关于某个对象。因为，疼痛不像是视觉等知觉那样，有外在的某个特定对象作为其知觉对象。也有不少人将疼痛、痒等身体感觉统一看作不及物的（intransitive）感觉。（Aydede，2019，680；Armstrong，1962）

这样一种思路，大致延续了以关于性作为表征标准的思路。我们前面已经提到，这一标准有一定的任意性。相比之下，指向性要更合理些。可即便是指向性，也只能算作最为自由宽松的表征标准。我们在这里权且以关于性来做讨论。有一种看法认为，表征具有关于性，就意味着其一定是关于某个实存对象的。可这样一来，"圣诞老人""金山"等表征就不太好理解了。因为这些表征似乎不是关于任何一个实存对象的。"圣诞老人"和"金山"并不真正存在。确实，关于性本身易于让人觉得，关于性本身就带有某种设定，即关于性要成立，首先需要某个相关对象一定存在，不然何来的关于？其又是关于什么的？当然，我们可以说，非实存的对象也可以以某种方式"存在"。比如，"林黛玉"和"福尔摩斯"，至少在《红楼梦》和《福尔摩斯探案集》中，他们以小说人物的形式存在。而"圣诞老人""金山"等，虽在现实世界中并不实存，但却可以出现在叙事、童话、剧集等场景中。更何况，不论是语言表征，还是知觉表征，都存在"相关"对象不实存的情况。例如，当一个人撒谎说"我昨天看见了一只熊"，而实际上并没有发生这样的事，那么这句话就是假的，但并不意味着其不是表征。再如，一个人幻觉面前有一只兔子，可面前实际上并没有兔子，那么这一知觉表征就是非真表征，但非真表征依然是表征。如此看来，针对关于性，不能施加如一定要求相关对象实存这样的要求，否则其便难以作为评判某物是否表征的合理标准。因为，这种标准会排除一些非真表征。

不过，如果是惯常意义上（不要求相关对象一定实存）的关于性，是否疼痛一定不具备？直觉上，疼痛似乎确实不像知觉那样涉及外在的某个对象，但就如关于性并非设定了相关对象一定是实存对象，其也并不设定相关对象一定要是某个外在对象。如按照强表征主义的思路，其完全可以说，疼痛就是关于身体某个部位的。我们看到，不论疼痛是否为表征，其都可以是（或可以被解释为是）关于某个对象的。从这一点上看，我们虽能理解，甚至直觉上倾向于认为疼痛不是关于任何东西的，但要想通过论证疼痛不具有关于性而论证其不是表征，似乎仍有困难。

（2）强表征论模糊了疼痛与知觉之间的差异。艾迪迪批评强表征主义没有完全区分疼痛和知觉。（Aydede, 2009）他的观点当中有几点值得关注：①类似于上文所说，疼痛不像知觉那样，总是（或至少试图）与外界某个对象建立某种关系。②疼痛不像知觉那样，总是（或至少试图）呈现外在某个对象的物理性质（如大小、远近、方位、颜色）等。③疼痛不像知觉那般，有外在的事物及其客观情况可辅助衡量其真实与否，疼痛更多地是一种经验自身，而经验自身不能用来衡量其是否真实。④疼痛不像知觉那样，涉及收集外界环境之中的相关（如关于某个知觉物的）信息并进行认知，疼痛并不涉及对于外界环境或外在某个对象的认知。塔艾后面对此也做出了适当回应。他认为，疼痛虽不表征外在对象的物理性质，却表征身体部位的组织损伤，这并不能推出，疼痛就与知觉有本质差异。而且，知觉的不同模式（如视觉和触觉）在表征同一个物体时也有差异，可它们依然都是知觉。

艾迪迪的这些批评，在我看来虽然有相当的合理性，但是也存在一些问题。其合理性在于：首先，疼痛确实不具备知觉那样能够客观衡量其真假的辅助条件，即外界客观事物及其性质。其次，疼痛也不具备类似于知觉那样的认知内涵。这两点，在我看来，与论证疼痛是否是表征有直接的关系。因为，表征本身既是有真假的，也是有认知内涵的，且反映并试图反映外界客观事物及其性质。疼痛如果也满足这些条件，那么其便也属于表征。可确如艾迪迪所言，疼痛并不具备这些知觉所有的、满足表征标准的性质。在此意义上，我们后面对于疼痛不是表征的论证与这里的一些合理看法是有类同之处的。

而问题在于，疼痛即便不像知觉那样，也未必就不是表征。比如，艾迪迪提到，知觉与外在世界中的某个知觉对象存在关系，疼痛则不是这样。可是，是不是与外在环境中的某个对象存在关系，并非决定某物是否为表征的可靠基础。我们知道，表征也可以很复杂，比如，也存在自我表征（这似乎意味着某一表征与自身建立了某种表征性关联）。此外，思想表征也与知觉表征在形式上有诸多不同，但其依然是表征。这样看来，虽然从疼痛与知觉做比较的方面看，疼痛确实与知觉不同，也确实存在一些合理的理由，使得我们认为疼痛算不上表征，但从论证上来看，似乎还不能直接从疼痛与知觉不同，便得出疼痛就不是表征。

（3）强表征主义难以解释疼痛的感情（affective）层面。另有一种反驳意见，认为强表征主义无法合理地解释疼痛所具有的感情层面。（Aydede & Guzeldere，2002；Jacobson，2013）反驳者认为，疼痛本身包含有那种负面消极的感情体验。可当我们将疼痛作为表征之后，似乎难以很好地解释那种感情层面。因为，表征、尤其是表征内容看上去并不能体现和说明那种感情体验。而且，疼痛经验本身就是不好的感情体验，这种经验自身的不好之处，与强表征主义作为疼痛表征内容的"身体部位""某处组织损伤"等不好之处并不是一回事。所以，即便强表征主义认为其能够解释疼痛经验的不好之处，其借助组织损伤来解释这一点也有不通之嫌。这种反驳也有一定的合理之处。首先，疼痛的负面体验确实常伴有一定的感情特征，而且这种感情特征，至少在表面上看是表征和表征内容所难以覆盖的。其次，疼痛经验自身具有一些特定的性质，而这种性质似乎与组织损伤等所具有的外在性质不同。尽管后来塔艾回应指出，疼痛确实有感情层面，但这种感情维度包含于疼痛的表征内容之内，如指组织损伤是不好的。（Tye，2005a；2005b）但这一回应似乎既不能直接应对表征内容与感情维度直觉上的不相容性，也没能直面组织损伤与疼痛经验二者不好之处的差异。不过，塔艾的另一种应对看起来更有道理一些。他认为，疼痛和所谓感情层面是可分离的，疼痛的本质特征还在于感觉方面而非感情层面。（Tye，2005a）

总体看来，这种反驳有值得商榷之处。第一，这种反驳路径将疼痛经验发生时所常常伴随的感情体验作为疼痛经验的必备部分。但是，那种不快是否一定是一种感情状态或上升为某种感情状态，我们似乎不能一概而论。此前我们提到，疼痛虽然有时会引起作为感情体验的痛苦感受，但并不必然如此。比如，有时疼痛感没有那么强烈，也谈不上会引起相应的感情体验。可疼痛感自身仍然存在。或者，即便疼痛感很强烈，但主体属于非常坚毅的性格，那么也未必引起感情层面的体验。有些理论和策略（如正念）正是基于疼痛感和（作为感情状态的）痛苦感可以分离，才会主张通过关注那种疼痛本身这样一种做法，来隔离、缓冲甚至消除那种痛苦。所以，如果疼痛感本质并非一种感情状态或并不必然上升为感情状态，那么这一反驳的依据也就不存在了。第二，即便不依赖这种被赋予疼痛之上的感情体验，表征也难以解释疼痛所具备的那种特定感受。因为，原则上，一方面，表征和表征内容本来就难以触及某种特定感觉；另一方面，就疼痛感而言，强表征主义所认为的"组织损伤"也与疼痛自身的特定感觉（不必然包含感情状态）是不同的两样事情。

四　疼痛不是表征

我认为，疼痛不能被看作表征。我的理由可总结如下。

（1）疼痛并没有指向性。在第一章中我们已经分析过，关于性虽然被不少人看作衡量表征的一个标准，但我认为，相比之下指向性要更好一些，尽管指向性也是一种宽松自由的表征标准。如果按照指向性来对照疼痛，我们也许应该问这样的问题：如果疼痛有指向性，其指向哪里？是指向相应的身体位置，还是指向疼痛自身？

这里，人们很容易在分析疼痛是否具有指向性时，引入疼痛发生之时我们注意力的变化。我们会发现，当感觉到疼痛时，我们一般会马上感到身体某个地方疼，并将注意力转向那个部位。与此同时，我们也会注意到疼痛那种感觉本身。可是，无论注意到身体的某个部位还是注意到疼痛经验本身，都无法说明疼痛感自身有什么指向性。一方面，疼痛和注意力本身是可分离的。我们在感到疼痛的时候，依然可以要么不注意身体的某个部位，要么不注意疼痛本身，而是将注意力投向他处。另一方面，就疼痛感自身而言，似乎疼痛感就只是那种特定的感觉，谈不上指向了什么对象，哪怕我们感觉其在某个位置。我们确实会感觉到，疼痛似乎处在某个位置，因而在感到疼痛的时候便以为疼痛指向了那个位置。可是，或许只是我们感到疼痛发生在那个位置，而我们感到其发生在那个位置，与疼痛是否指向那个位置是两个独立的事情。

（2）疼痛不具有表征内容。疼痛有提示的效果，在确实有身体异常的情况下，从经验层面上看，往往也存在相应的神经信息传递过程。因此，疼痛或许包含信息内容，但我们却难以据此说其具备心理意义上的表征内容。我们也完全没有必要询问：如果疼痛有表征内容，其有什么样的内容？因为，在知觉情形当中，我们会发现，知觉有各种各样的表征内容，可我们却并不会在论证知觉是否为表征时，围绕其有什么样的表征内容这个问题大做文章。对于疼痛表征论的辩护者而言，他们只需要给疼痛施加上一些他们认为的"表征内容"，便可论证说疼痛有类似的表征内容。而且，就成人的疼痛情况来看，由于成人有各种概念和思想，因此在感到疼痛时常常会伴随一些想法。这些想法也很容易被人认为是疼痛的表征内容。但是，我们可以从四个方面来考虑。第一，动物和婴儿没有相应的概念能力，但是他们也会感到疼痛。所以，疼痛肯定不是依赖于概念而获得相应的表征内容的。第二，一般来讲，表征内容总是可以与客观事实对应（或尝试对应）的。比如，知觉在进行表征时，总有相应的事实可被用作对照，来辅助我们衡量这一知觉表征的真实与否。可是疼痛发生时，我们则难以找到相应的事实。第三，疼痛不像知觉或者其他表征形式那样，能够表征（或试图表征）某个事实及相关对象的宏观物理性质。疼痛发生时，我们没有任何这方面的心理内容。第四，即便是成人在感到疼痛时伴随有某种思想，也不意味着那种思想其内容可被理解为是疼痛所具备的。思想显然是一种表征，可理论上，疼痛的发生与相应的思想内容是可以分离的。我们既不需要在每次感到疼痛的时候都想到"那个地方出问题了"或者"好疼啊"，也不需要在想到"那个地方出问题了"或者"好疼啊"的时候感觉到实际上的疼痛。

（3）疼痛不存在真实与否的区分。当有人说有非真或错误疼痛的时候，一般是指，当某人感到某处疼痛，但经过检查之后并无异常，那么这种疼痛就是非真或错误的。而当说疼痛是真实或准确的疼痛时，似乎意味着某人感到某处疼痛，然后在检查之后发现确实那个地方出现了问题。这种疼痛就是真实或准确疼痛。但是，这里面本身已经包含了假定，即疼痛与身体部位的异常相对照，或者说，后者就是衡量疼痛是否真实的标准。且不说这种假定是否合理（我们此前的分析说明其并不合理），疼痛的感觉本身是可以独立于身体的某处异常而存在的。而且，我们不会通过发现身体某处并无异常，而纠正疼痛。疼痛感有可能继续存在。但是这种情况在知觉那里则不存在。当我们在经历错觉或幻觉时，我们总能够通过适当的外部客观标准，并通过动态的行动作为辅助，从而让错觉和幻觉得到纠正。比如，当我们将一只玩具鸭子错觉为一只真的鸭子时，只要我们仔细查看，那种错觉即会消失；或者，当我们经历"海市蜃楼"的幻觉时，假以时间，并通过我们位置的变换，那种幻觉总会消失，且主体会重新调整自己的知觉。可是，对于疼痛主体来说，这种纠正和调整则难以进行。但是，这也不意味着疼痛就总是真实的或者准确的，不仅仅因为当我们谈某事物真实与否的时候，我们需要参考某个外部事实，也意味着真实总是和非真相对而言的，准确总是和不准确相对而言的。如果没有非真的情况，我们也难以谈论真实的情况。如果不能谈论其假，也就不能谈论其真。反之亦然。不过，与疼痛感觉不涉及真假不同的是，涉及疼痛的报告仍然是可真可假的。因为，一个人是否感到疼痛，这是一个事实。无论是他感到疼却报告自己不疼，还是感到不疼却报告自己疼，这都可以以相应的事实依据来做评判，哪怕这一事实和相关的报告都发生在同一个个体身上，且别人难以真正评判其真假。但那个事实本身是什么就是什么，那个事实也总是事实。倒是有一个有趣的现象值得我们在这里稍加考虑，即被称作"疼痛的热烤错觉"（thermal grill illusion of pain）这一现象。（Craig, 2016, 219）在适当的温度控制下，如果对某人食指、中指和无名指同时进行对应的热—冷—热温度刺激，中指即便受到的是冷刺激，也会感觉到某种灼痛感，但如果将中指移至食指和无名指中间的位置以外，那种灼痛感便会减少。这说明，疼痛与我们对相应的身体位置的空间认知是有关系的，但这不能说明疼痛本身是可错的，或者存在错觉的情况。这种现象，毋宁是空间知觉叠加之后产生的一种结果。

（4）疼痛不具备认知内涵。疼痛有其生存上的意义和价值，但疼痛并没有反映或试图反映客观事物及其性质。强表征主义也许会说，疼痛在反映或试图反映：某处有组织损伤，或者身体某处发生了异常情况。但是，这里仍有语焉不详的问题。比如，疼痛如何反映或试图反映某处有组织损伤呢？疼痛能告诉我们，那个地方的组织损伤是什么类型的？还是说，疼痛能够带着我们去观察某处可能存在的组织损伤？疼痛似乎并不具有这种功能。再从另外一个方面来看。有些低级的动物也有疼痛，但如果疼痛有认知内涵，也就意味着其具备基本的认知能力，这好像与直觉不符，因为许多低级的动物在我们看来并不具备什么认知能力（尤其是能够客观反映外界事物及其性质的那种认知能力）。大致来看，疼痛有其警示和提示意义，但那与反映或尝试反映客观世界及其性质这种认知并不是一回事。

综上所述，可以看到，疼痛并不符合表征的标准。其他感觉如痒、恶心等，也因类似的原因，而不能被作为表征。此外，疼痛是一种表征以及其性质可以被其表征内容所刻画，这一点几乎没有十分相关的科学研究证据作为支持。疼痛的心理学定义中确实提到了疼痛和组织损伤之间的可能关联，但并没有将疼痛视作对组织损伤的某种表征。所以，我们在这里得出论断：疼痛不是表征。

五　疼痛是现象意识

疼痛虽不是表征，但依然是现象意识。有人也许会问，既然本书开篇已经表明疼痛是现象意识了，又为何还要在这里强调一遍？这实际上缘于，即便是这样一个论断，也并不是没有争议的。因此，本章最后的部分专门对此做出进一步的说明，实属必要。鉴于我们已经表明了现象意识是那种特定的感觉，我们就来看一看下面这些看上去容易令人怀疑"疼痛是现象意识"这种论断的可能反例。

（一）针对"疼痛是现象意识"的可能反例

1. 催眠状态下的"疼痛"

有科学证据表明，被催眠的人如果经历手术过程，常常不会感到疼痛，或者痛感会大幅度减轻，哪怕其中的"隐藏观察者"报告说有痛感。而且，这与催眠师是否引导没有明显关联。（Velmans，1991）可见，被催眠的人其疼痛感会减轻甚至消除，但并不一定在被催眠之后的另一个隐藏的观察者那里被消除。如果这些实验结果确如其声称的那样反映了实际情况，这会对疼痛是现象意识构成一个反例。我们一般倾向于认为，疼痛总是有特定感觉的疼痛，总是与痛感紧紧相关。但这个例子似乎显示了某种疼痛和现象意识的分离。在这些时刻，似乎没有了那种特定感觉。这是否意味着，疼痛自身也被催眠了呢？假若疼痛真的被催眠了，那么疼痛还以其原本的方式存在吗？换言之，当人被催眠时，疼痛还存在吗？毕竟，我们在催眠时几乎什么"感觉"都没有了。你也不知道你是在走路还是在说话，这些感觉好像都统统没有了。我们又有什么证据表明，疼痛还可以继续存在呢？看上去，主体在催眠状态下，疼痛，尤其是界定其为现象意识的那种痛感，变得不一样了。这究竟是否真正对疼痛是现象意识这种界定造成了冲击？

2. 慢性疼痛、适应性疼痛和特定情形下的疼痛

关于慢性疼痛我们此前已经专门探讨过。但此前的探讨是围绕其作为医学和哲学理论处理的一个难点。不过，对于疼痛是否一定是现象意识而言，慢性疼痛也是一个挑战。因为，正如我们此前已述，往往主体在对慢性疼痛逐渐适应之后，疼痛的感觉要么逐渐减轻，要么有时就像"消失"了一般。但我们能说，那种慢性疼痛真的消失了吗？如果它消失了，我们为何仍将其称为慢性疼痛呢？慢性疼痛患者在习惯和适应疼痛之后，也能渐渐地不时忽略疼痛。所以，这里我们也同样是在谈论适应性疼痛。这二者的问题是一致的，那就是，如果说我们在适应疼痛（包括慢性疼痛）的时候，疼痛感觉上减轻了或者感觉不到，那是否意味着，疼痛与那种特定的感觉相分离了？因为，直觉上我们不会认为疼痛不在了，但那种感觉却似乎的确减弱或没有了。

而一些特定情形下的疼痛也存在类似的问题。比如，考虑这样一个情形：我们全神贯注地在做某事以至于"忘记"了疼痛。这时候，是疼痛不存在了，还是我们惯常定义疼痛的那种特定感觉不存在了？再如，当一个处在疼痛中的人睡着之后，尤其是处在深睡眠中时，疼痛似乎也会"消失"。那么，在睡梦中的那个人还会有疼痛感吗？另外，当一个疼痛主体在接受麻醉之后，确实痛感不明显了，但疼痛是否依然存在？事实上，当麻醉时间过去之后，主体的疼痛感往往会很快回归。所以，说疼痛在主体注意力转向别的事情、在睡梦中以及在麻醉中就不存在了，这似乎不符合实际情况。

可是，我们确实不得不面对这样一个问题：如果疼痛能够以不伴随那种特定感觉而存在，我们怎么能判定其是现象意识呢？

（二）疼痛是现象意识

我们一般会将疼痛列入现象意识的种类，甚至常常将其作为现象意识的典型例子而加以讨论。但上述几种情形，似乎让我们不得不思考，是否疼痛也存在与那种特定的感觉相分离的情况？也许我们可以从以下几个角度尝试回答。首先，疼痛不能与那种特定的感觉相分离，疼痛感在上述那些情况当中，只是被压抑了，而不是真正消失了。可是，压抑到底意味着什么呢？不可否认的一个事实就是，疼痛的感觉完全可能在那些特定的时段消失。而如果疼痛和疼痛感是一回事的话，那么疼痛显然也在那些时刻消失了。可是，直觉上，我们会感觉疼痛一直都在。所以，这种思路有违直觉。其次，疼痛感并没有真正消失。比如，当我们在经历慢性疼痛的时候，只要对疼痛多加留意，那种痛感就会变得显著。睡着以后，如果醒来，疼痛的感觉依然还会出现。而在专心致志地做别的事情时，如果注意力回到疼痛上，那种感觉也还存在。在催眠被叫醒，或者麻醉剂失去效力的时候，疼痛感也会仍然存在。所以，疼痛感也许会因为注意力、神经系统被麻醉、睡眠或催眠状态、某种适应性而"减弱"或"消失"，[①] 但这仅仅只是对疼痛感的某种干扰，因为人的大脑在处理任务的时候，一般会以主要任务为主，否则的话人会出现各种各样的问题。当疼痛的感觉强烈到无法忍受，那么上述情形当中也会有相当一部分受到挑战。比如，有的人在经受剧烈疼痛时，根本无法入睡；有的人在遭受剧痛折磨时，也全然无法投入正常工作；当慢性疼痛变得严重时，也会严重干扰到主体的行为和生活，这时似乎所谓适应性也不那么明显了。所以，我们不能因为上述情形当中疼痛感减弱或"消失"，就认为疼痛存在而只是疼痛感减弱或消失了。疼痛总是以那种特定感觉的存在为根本标志的，在什么情形下都是如此。因此，疼痛仍然应被视作现象意识，且确实是现象意识的一个典型例子。

六　其他的身体感觉

我们已经论证了疼痛不是表征。那么，依此类推，其他的身体感觉似乎也都不是表征。比如，痒尽管也与身体位置及某些身体异常情况有关系，但并不必然与其相关。当痒的感觉出现时，我们的身体相应部位不一定有什么异常。不过，我们还可以再看看其他的身体感觉，并考察是不是存在这样一些身体感觉，它们仍然可以被看作表征。

我们首先来考虑饿这样一种身体感觉。一般来说，我们在感

---

① 布洛克认为，催眠或麻醉状态下的个体仍有现象意识，只是没有了通达意识，或通达意识减弱了。（Block，1995，244）这是他就这一现象而言对现象意识和通达意识之间关系的一种说明。不过，仅就这一具体现象而言，他所说的通达意识是与认知密切相关的行动准备，其与我在这里所谈及的注意力是基本类似的。

到饿的时候，似乎马上会感觉到胃部有特定的感觉。有人会说，这就是饿的感觉在指向胃部，或者说，在表征胃部需要填充食物等。但是，心理学家们发现，即便在胃被切除的情况下，主体依然会有饥饿感：

> 胃被完全切除的病人仍有饥饿感（Janowitz & Grossman，1950），对切除胃的老鼠施以食物的奖励仍然能使其学会走迷宫（Penick et al.，1963）。因此，尽管胃部的运动对人们的饥饿感起着重要作用，但是这些感觉不能完全解释身体是如何察觉需要食物以及引起进食行为的。（格里格、津巴多，2016，357）

可见，与疼痛、痒等感觉类似，饿的感觉也不必然依赖于身体的某个部位之特定状况。不过，也许有人会进一步说，那种饿的感觉不是指向胃部，而是指向外部食物的。确实，我们在感觉到饿的时候，会马上想要进食，并伴随着对食物的欲望。这些显然是指向特定对象的。而且，按照此前对表征的表述，欲望作为一种对于未发生之事的渴望，虽然不能以真实与否来理解，但也总是要么得到满足，要么不被满足，且具有满足性条件，在此意义上，其仍是表征。确实，当饿的感觉出现时，总是伴随有进食的欲望。但这并不代表饿的感觉就等同于进食的欲望，进食的欲望和饿的感觉似乎仍有不同。当主体不饿的时候，也有可能有进食的欲望。情况更像是，饿的感觉会导致进食的欲望。此外，即便是饿的感觉指向外部食物，饿的感觉也并不表征什么。我们既不会感觉饿会表征外部食物的形状、大小、色泽，也不会感觉饿会表征外部食物的纹理、内部结构等。所以，即便说饿的感觉总是指向外部食物，因而在此意义上满足表征的最为宽松自由的标准，也无法在进一步的意义上断言饿的感觉是表征性的，包括饿的感觉有真实与非真的情况、饿的感觉有什么认知内涵等。更不必说，如果假定饿的感觉是一种表征，其表征着胃部需要进食，那么这里的表征及其内容还是无法解释饿本身那种特定的感觉。

再来考虑性高潮这种身体感觉。与上述其他身体感觉如疼痛、痒及恶心不同，性高潮是一种令人愉悦的正面感觉。它是与人类性行为有密切关系的一种身体感觉。人们并不倾向于回避性高潮。恰恰相反，人们喜欢这种感觉。性高潮也有基本的生存性功能和意义。和其他许多动物一样，这种感觉驱使着人们去繁衍生息，保证后代的产生。但同时，人类也享受这种感觉本身，且在并不需要繁衍生息的时候也希望获取它。从生理神经的角度来看，性高潮的出现与我们大脑的神经信号的传递有密切关系。此外，由于人类的复杂性，性高潮的出现似与更深层次的情感有关联。例如，许多人在与自己爱的人产生亲密关系的时候，性高潮也往往更频繁，质量也更高。反之，如与并不喜爱甚至厌恶的人有性行为时，则可能无法产生性高潮，甚至根本不愿意去完成相应的行为过程。

性高潮的获得，有时依赖于对他者的喜爱和欲望，有时也依赖于与其他对象共同完成性行为作为前提。但是，这样一种身体感觉，自身是否具有指向性呢？从性活动的完成来看，一般情况下，其完成不仅需要一个主体，也需要有另外的主体一起配合完成。但是，性活动并不总是一定要个体和他者配合完成，某一个个体也可通过非典型的途径（如自慰等）独自完成。针对性活动和性欲的指向对象，学界也存在不同的看法。有人认为，性活动本身指向身体上的快乐（而非他者）；有人则认为，性欲和性活动更多地指向另外的、其他个体或对象。（Goodman，1977；Nagel，1969）也有人给出了包容性较强的观点，指出在性活动当中，身体上的物理性愉悦很核心，且这种物理上的愉快确实是非意向性的，但同时却认为，性活动也依赖于特定的对象作为条件，甚至这种特定的对象对于性活动和性满足来说更为重要，也在此意义上，其（那种特定对象的必须以某种方式存在）定义了性活动的意向性。（Morgan，2003a，380；2003b，1）弗洛伊德则指出，性欲冲动本身不那么"依赖外物"（弗洛伊德，2016，101）不过，上述这些讨论主要是对性活动、性欲或性冲动本身的描述，而非特别针对对性高潮这种身体感觉的刻画。事实上，一个主体的性活动本身如何完成，是否需要其他的外在对象，与此个体所感受到的性高潮本身仍有差别。即便是性活动需要个体与其之外的对象共同完成，或至少需要某种意向对象，也不意味着性高潮这种感觉本身是意向性的。当然，有人会说，性高潮那种感觉中，似乎总是伴随某种意向性或指向性。确实，对于成人来说，性高潮这种感觉常伴随着某种想象、联想或想法等表征且带有指向性，但在动物主体当中，这些想象、联想、想法或指向性是否也常伴随性高潮则无从证明。而且，即便某种思想或想象的表征内容常与性高潮的感觉相伴随，也不意味着：第一，那种思想或想象的内容不能与性高潮相分离；第二，性高潮那种特定的感觉可以被那种常相伴随的思想或想象的表征内容所解释。更不用说，人们一般不会认为，性高潮具有什么真实与非真的情形，或者某种认知内涵。

本章小结

　　疼痛作为一种典型的身体感觉，有其特定的感觉。疼痛虽然有正面的生存性价值，但依然是一种个体倾向于回避的负面感觉。疼痛是日常生活、科学和哲学共同的重要议题。心理学家们倾向于认为，尽管疼痛与组织损伤有密切关系，但二者之间并无必然联系。疼痛本质上是一种主观的心理学感受状态。这也是为什么临床研究者或医生，更注重个体关于疼痛的自述报告，并把疼痛报告作为衡量疼痛强弱的重要标准。慢性疼痛、幻肢疼痛和动物疼痛，是疼痛研究当中较为困难的情形。这些疼痛情形为我们提出了问题，也提供了不少可用的事实依据。比如，慢性疼痛令人思考疼痛与疼痛感之间的关系，而幻肢疼痛则提示我们，无论是否存在某个身体部位及组织损伤，疼痛皆可发生。动物疼痛提示我们，不应忽略从主观感受的角度思考动物疼痛。强表征主义认为疼痛是表征，疼痛有相应的表征内容（组织损伤），且可以是真实或非真的。这种看法并不正确。疼痛不是表征。依照此前关于表征的标准，我们发现，疼痛也许有信息内容，但没有表征意义上的内容；疼痛不具有真实与否的区分，也不具有可纠正性和可错性，更不具备认知内涵，因此并不满足表征的标准。但疼痛依然是一种现象意识，哪怕催眠状态下的疼痛、慢性疼痛、适应性疼痛等情形为疼痛及那种特定感觉之间的不可分离性提出了看似的挑战。此外，痒等身体感觉也在类似的意义上不属于表征。尽管饿的感觉和性高潮等身体感觉也许会被人认为具有指向性，但二者主要是作为特定的感觉存在的，也并不具备真正意义上的指向性。即便是假设它们有指向性，它们也并不满足有真假、有内容、有认知内涵等其他的表征标准。据此，我们得出，疼痛等身体感觉都不是表征，但仍然是现象意识。

第 五 章

情　绪

一　情绪及其影响

情绪构成了我们心理生活和日常体验中很重要的部分。几乎每个人都有过情绪体验。开心、兴奋、失落、沮丧和悲伤，这些都是我们的情绪。不同的情绪会有不同的特定感觉。每种情绪的主观体验都不同，相应的感受也有差异。开心的感觉与沮丧的感觉不同，兴奋的感觉与悲伤的感觉也不同。鉴于情绪有那种特定的感觉，其应该属于现象意识。一般而言，情绪既包括正面或积极情绪（如开心、兴奋等），也包括负面或消极情绪（如悲伤、沮丧等）。① 正面情绪的感觉更愉快，而负面情绪则是不愉快的

---

① 这里可能会存在一个问题，即是否存在中性情绪，亦即无所谓正负性的情绪？我们考虑平静（calmness）。人在平静的状态下，确实既没有过分快乐和兴奋，也没有处于低落或伤感状态。若仅从其表现上来看，好像的确带有中性色彩。但是，平静也是人们追求的、愿意拥有的一种心理状态，绝非人们倾向于回避的负面情绪。从其功能和性质来看，平静带给人的好处并不少，人们也乐于接纳这种情绪。从与负面情绪在功能上相反这一点来看，其实际上可归为正面情绪。也已经有学者将平静归为了正面情绪。（Haviland-Jones, Wilson & Freyberg, 2016, 205）因为，没有人规定说，正面情绪就必须是类似于兴奋那样相对剧烈的感受。不过，除了平静以外，确有一些其他不好归类、也不好定义为正面或负面的情绪，似乎可算作中性情绪。比如，有学者认为，惊讶（surprise）也是中性情绪。（陈蓉霞，2009，6）目前来看，对惊讶的心理学分类还不是很清楚。大致上，从人们对其是接纳还是回避这一点来看，惊讶确实处于中间状态。因此，将其看作中性情绪，并没有太大的问题。但总体上，情绪仍以正面情绪和负面情绪为主。

感受。

情绪关涉人们的身心健康和生活质量，与人生幸福有密切关系。人们都想拥有更多的积极情绪，避免更多的消极情绪。因为，积极的情绪体验更佳，消极情绪的体验则不那么好。正面情绪主导的生活会保证并促进身心健康和生活质量，而长期、频繁的负面情绪会起到相反的结果。也正是因此，人们会试图调节和调整自己的情绪状态，使其更多地处于正面情绪当中。比如，婴儿时期的个体已开始学会通过吃奶等方式应对和调节自己的情绪。个体在长大以后，调节情绪的方式则变得更多元，理性分析、转移注意力等这些方式，都会在个体面对负面情绪时被自觉或不自觉地使用。

不过，过度追求正面情绪也可能导致不良后果。有些人不断地借助酒精、尼古丁、咖啡因等方式来提升幸福和愉悦的感觉，并出现成瘾（addiction）行为；有些人则通过过度社交、过度工作等方式来回避内心的消极情绪。但事实证明，这些方式都无法让我们真正远离消极情绪。以成瘾为例，尽管在摄入酒精或尼古丁的过程中，多巴胺等导致快感的物质会被更多地释放，但是，一方面，成瘾本身作为一种过度依赖，会让成瘾者的快感阈限越来越高，这使得个体往往需要更多的酒精或尼古丁才能达到此前小剂量便能达到的效果。成瘾行为也会因此而愈加严重。另一方面，不少成瘾者（尤其是毒品依赖者）深知其成瘾行为的危害，想要摆脱那种依赖，却由于陷入其中而难以办到，这更容易让他们失去对生活和自己的掌控感，从而产生更加痛苦的感觉。可见，拥抱并追求正面情绪，是每一个人的自然倾向，但如果过度追求正面情绪的最大化，便容易造成适得其反的效果。

负面情绪作为个体倾向于逃避的心理种类，常常会困扰主体。

而其发生则与个体的性格特质和社会外在环境都有一定关系。在现代生活中，个体如果过多地受到外在压力、受限于社会角色而做事，总会或多或少地压抑自己的内心需求，从而产生负面情绪。而悲观等性格特质，也容易激发个体的负面情绪。此外，对负面情绪的应对也非易事。研究表明，逃避、压抑等手段，都不会真正地驱散负面情绪，其效果不但有限，还会造成负面情绪反弹。可见，认识负面情绪并以适当的方式面对它，是个体要特别重视的一项能力。

无论是正面情绪还是负面情绪，个体的情绪状态都不仅影响自己，也影响其与周围世界的互动。而且，不单单是自身情绪状态会影响个体的生活状态，对于自己情绪和他人情绪的理解能力（或情商），也对个体的生活、发展和社交有重要的影响。不论怎样，每一个人都想过上幸福的生活，这是我们的核心诉求。也正是因此，情绪的好坏、正面情绪和负面情绪在我们总体情绪中的占比，才显得如此重要。

二　情绪和情感

一般而言，情绪和情感并未严格区分。但我认为，我们应该对情绪和情感做出区分。心理学家当中，要么基本上不对二者进行区分，要么虽然对二者做区分，但在真正讨论时也会模糊区分。总体上看，对情绪的研究被容纳在情感研究中。从语词使用及其翻译来看，心理学家们大致将"emotion"和"mood"翻译为"情绪"和"心境"，此外，"affect"一词有时也会被提及，并对应"情感"或"感情"。（格里格、津巴多，2016，382；傅小兰，2016，6）

结合中文词义来看，我认为，更为合适的一种做法是，将

"emotion"一词对应"情感"，而将"mood"一词对应"情绪"。理由如下。

第一，"emotion"一般可译为"情感""情绪"，但是，"e-motion"一词所代表的心理种类相当繁杂。感恩、敬畏、爱等心理种类都有可能包含在内，可如果将"emotion"译为"情绪"，对于上述这些心理种类来讲并不妥当。比如，从中文上看，我们会说感恩、敬畏、爱等都是情感，但却不会说它们是情绪。

第二，对于"mood"来说，其实它被译为"情绪"、"心境"和"心情"都可。但从中文理解的角度来看，"心境"一般指某种相对稳定的心理状态，因此，我们可能会说"平静的心境"或"悲伤的心境"，但却不会说"焦虑的心境""兴奋的心境"等，可见，"心境"一词在用于起伏较大的心理状态时，似乎不太合适。"心情"一词虽则较好理解，适用性也较广，但其本身的学术性意涵有限，不易将学术讨论与日常谈论稍作区分，且目前这样的译法也不多见。相比之下，"情绪"的适用性很好，较为中性，也不易显得随意，我们会说"开心的情绪""兴奋的情绪"，也会说"焦虑的情绪""抑郁的情绪"。

根据上述理由，本书中，我会将"emotion"对应"情感"，而将"mood"对应"情绪"，也会在参考其他学者的见解时，综合研判（而不拘泥于字面意思），从而对具体的心理种类展开讨论。

实际上，在与我前述提到的语义相兼容的意义上，已有的对情感和情绪的区分中，既存在冲突性观点，也存在一定的共识。其中一个较为显著的争议，涉及二者的持续时长和强烈程度。有一种观点认为，情感的持续时间较短，也较为强烈；情绪的持续时间更长，也不太强烈。（Medelovici，2014，146；Rosenberg，

1998，251）对此的质疑则在于，有些情绪有时也转瞬即逝，有些情感则持续许久。（Kind，2014，117）①②相对而言的共识则表现为，学者们认为情感往往是关于某个对象的，而情绪则并不关于某个对象或某个客体。（Russell，2003，147；刘易斯，哈维兰－琼斯，巴雷特，2015，596；斯奈德，洛佩斯，2013，116）

强表征主义及其反对者都承认，情感和情绪有一定的差异，但关于具体如何划分不同的感觉种类，两方有细微差别。比如，塔艾认为情感包括愤怒、恐惧等，情绪则包括焦虑、抑郁等。坎德认为情感包括愤怒、厌恶、恐惧等，情绪包括焦虑、忧郁、抑郁等。他们共同的地方在于，焦虑和抑郁都被看作情绪。出于讨论之便，我们后面也将以焦虑和抑郁作为主要的情绪案例来进行分析。

在我看来，情感和情绪的差别如下。

（1）从可能存在的感受层面来看，情感也许包含复杂的感受，情绪的感受则相对简单，且可明确被区分为正面情绪和负面情绪。比如，在我看来，爱是一种情感，而不是情绪。但仅就爱这种情感中的爱情（或浪漫之爱）而言，其感受既可能是正面的，也可能是负面的。爱一个人有时会感到开心、幸福，有时则会感到悲伤、痛苦。就心理学而言，对于爱的研究并不少，但无论是态度取向还是脚本取向都表明，爱这种涉及亲密关系的心理包含着复杂的感受，因此"不能反映单一的'基本的'情绪"。

---

① 一种基于此而衍生的观点有可能是，情感是表征，而情绪则不是。理由在于，前者关于某个对象，后者则并非如此。后文当中，我的观点会与此类似，但并非以"关于性"作为标准。

② 当然，也存在一些不同甚至相反的声音。比如，戈尔迪认为，情感和情绪的差别在于，前者的对象无须很明确，后者的对象则相对具体明确一些，哪怕情绪涉及的是"一切"。尽管他也指出，情绪中的感受之指向对象会不那么具体。（Goldie，2000，143）

（施塔、卡拉特，2015，196）① 而且，说爱是一种情绪（或心情、心境）也未免有些奇怪。显然，将爱作为一种情感更符合我们的基本认知。此外，羞耻、同情、骄傲、自豪、内疚、嫉妒、蔑视、仇恨、感激、厌恶②等在我看来都是情感。不少情感（仅从感受层面）难以简单地区分出正面还是负面，比如爱。情绪的性质则相对单一。比如，伤心和难过本身是负面情绪，当人们体验到它们时，更多地倾向于对其回避。而高兴、兴奋等情绪本身就是正面情绪，当人们体验到它们时，倾向于接近或拥抱它们。

（2）从感受本身是否一定包含于其中来看，情感也可能不包含感受，而情绪则一定包含特定的感受。我们以爱当中的友谊之爱为例来看情感。朋友之爱，虽然体现在互帮互助，相互信任，且有时也有温情的时刻，但却并未有太多明显的感受。但友谊之爱显然是爱的一种，也是情感的一种。可是对于情绪而言，感受层面则必定包含于其中。当我们感到焦虑的时候，那种特定的焦虑感就会出现；当我们感到抑郁时，那种特定的抑郁感也会出现。换句话说，情绪的出现就是以某种特定的感受或感觉为标志的，而情感则未必如此。

---

① 也许这里会有人提出两个疑问。即是否所有的正面感受和负面感受都等同于正面情绪和负面情绪？如果情况确实如此，那么这是否意味着情感虽然可能同时包含正面感受和负面感受，也同时意味着情感就是各种情绪的集合体，继而本质上就是情绪？我想，首先，正面感受和负面感受也可以适用于身体感受，如前述的身体感觉就包括正面感受（如性高潮）和负面感受（如疼痛）。但是，一般来说，情感所可能包含的感受确实更接近情绪，因此，可以说情感在涉及感受层面时，包含了各种不同的情绪。可是，在下面第（2）点和后文中，我们看到，情感不一定总是有那些感受。有时候，会存在无现象意识的情感。在这种情况下，我们又很难说情感必然地可由情绪所刻画了。

② 恶心和厌恶有一定的差别。恶心是一种身体感觉，也有生理反应的层面，并不必然指向某个对象，可以仅仅是一种难受想吐的身体感觉。厌恶则更多地演变为深层的文化价值取向。厌恶有时伴随有恶心想吐的身体感觉，有时则不然。厌恶可能是针对如粪便、呕吐物等产生的情感，也可能是针对虐待、谄媚、陷害等人类行为的某种道德性厌恶，但无论怎样，厌恶总是指向某个特定对象，表现为对那个对象的疏离、排斥和贬低等，不存在有不指向任何事物的单纯厌恶。

（3）一般情况下，情感不易控制，也不易变；情绪则相对更容易控制，也较短暂易逝。比如，仇恨不会说走就走，否则种族歧视不会成为一个社会问题；爱一个人常常是"情非得已"，它不会仅持续一小时或一下午；对他者的深刻同情有时就像自然流露的本能，不会瞬间切换为铁石心肠。相比之下，悲伤的情绪通过转移注意力会得到缓解，快乐的情绪也许因为要参加葬礼而会被个体收敛。破涕为笑、乐极生悲更非鲜见。不过，这里也仅就一般情况而言，因为严格来讲，时间的长短对于区分情感和情绪来说不是一个绝对的标准。①

如果以上的区分标准合理，那么我们后面要重点探讨的焦虑和抑郁就应该属于情绪而非情感，且应该属于负面情绪之一。因为，焦虑和抑郁的感觉并不好，当它们来临时，我们更倾向于回避它。而且，作为情绪的焦虑和抑郁可以是可控的，也可以是短暂的。

三　几种常见的正面情绪和负面情绪

（一）正面情绪的几种类型

正面情绪是人们愿意拥有的、愉悦的心理体验。长期以来，出于临床治疗、理解和缓解心理问题等原因，医学和心理学研究将目光更多地聚焦在负面情绪的研究上，但随着积极心理学的倡导者塞利格曼等人对于人类的积极和正面品质的研究，加之心理学家们开始致力于帮助更多的人获得更加健康和幸福的心理生活，人们逐渐意识到，正面情绪和人类的福祉、幸福之间的关系也很密切。所以，以积极心理学为代表的心理学领域也开始关注

---

① 后面在讨论到焦虑和抑郁时，我们会发现，尽管一般的焦虑和抑郁持续时间并不长，但对于患有严重焦虑障碍和抑郁障碍的人而言，则可能持续时间会比较久。

正面情绪，并主要从"积极的主观体验（幸福、乐观、快乐）"、"积极的心理特征（爱的能力、坚持）"和"积极的公众品质（责任、利他）"等方面对正面情绪展开了研究。（刘翔平，2018，5—6）心理学家等研究人员，也逐渐摆脱了曾经那种认为谈论快乐、幸福便意味着肤浅的理解，转而认为这也是避免心理障碍的一种预防性研究。

正面情绪在增强免疫、促进生存和健康、延长寿命、缓解慢性病、应对逆境、增强创造力、提升和扩展人生体验、寻求更多的人生可能、拥有美好生活等方面，都显示了十分有用的价值。对大多数人来说，虽然他们有时也会受到负面情绪的困扰，但正面情绪依然构成了生活的主色调，这使得我们不至于陷入怀疑和虚无等人生状态。对这一点，达尔文曾表达了一种乐观主义的态度。他认为，大部分有感觉的生物，快乐体验是更多的。（陈蓉霞，2009，5）

生活中常见的正面情绪有兴奋、快乐、满足感、沉浸感、欢欣、自在、振奋、放松等。我们选择其中的一些，分别来看一看。

兴奋是一种常见的正面情绪。兴奋意味着激动、开心，往往会伴随着身体状态的特定变化（如肾上腺素、多巴胺的快速增加等）。当我们为即将到来的事情有正面期望，或为已经发生的事情感到高兴时，常会产生兴奋的情绪。比如，赴一场期待已久的约会，收到心仪大学的录取通知书，参加某个特别的盛宴，收到惊喜的礼物，在这些时刻，我们一般都会感到兴奋。有时，天气晴朗、鸟语花香、空气清新等外部天气状况，也容易让人感到兴奋。或者，在睡了一场好觉或者充分的休息之后，我们再开始工作时，也会觉得有些兴奋。甚至，有时候并没有什么特定场景或触发事件，主体就是自我感觉很好，莫名地有种兴奋之感。可以说，兴奋是一种愉悦的感受。

　　快乐也是一种正面情绪。当我们享受与爱人的亲密关系时，当我们在海边度假时，当我们助人为乐以后，当我们做着自己喜欢做的事情时，我们都易感到快乐。快乐也与人格或性格特质有关，有的人天然地就是快乐或容易快乐的人。这样性格的人会时常感到快乐。人在感到快乐的时候，大脑中的杏仁核会有所反应，我们的表情也会有所变化。我们会不由自主地、发自内心地微笑。心理学对于快乐的一种检测方式就是根据一个人笑容的程度和表现。尤其是，他们会观察个体是否表现出了杜氏微笑。"这种微笑包括提升的脸颊，眼角的细纹再加上微笑的嘴，这通常传递了一种真实的积极情绪。"（施塔、卡拉特，2015，236）快乐也会让人对更多的事情感到乐观，更愿意尝试新鲜事物和社交。快乐的多寡与人的生活满意度密切相关。虽然在一定情况下，快乐与天气和气候的状况有关，但研究表明二者没有必然关联。这大约与人们常识认为的好天气与快乐心情之间的关联来说是一种挑战。虽然难以确定动物们是否真的感到快乐，但通常认为，狗在摇尾巴的时候是开心的，猫发出的特定叫声也会被认为是开心的一种体现。（施塔、卡拉特，2015，231，235）不过，这与我们前述对动物疼痛的理解类似，应是一种推定。

　　满足感也是一种正面情绪。满足感常意味着身体和心理都处在舒服、舒适的状态。满足感可能来源于对生活的满意，也可能来源于对自身的认同，还可能来源于感到安全和幸福等其他正面情绪。满足感能够帮助人们应对压力和逆境，也能够提升人的精神愉悦感。尽管有人认为快乐是欲望的满足，这种观点在某种意义上也在用满足感来解释快乐。（Heathwood，2022，57）但我认为，满足和快乐仍然不尽相同。尤其是，二者的感受是有一定差异的。满足的感觉包含了自足、知足的感觉，而快乐的感觉则更多地意指轻松愉悦的感受。尽管这二者也常常相伴随或彼此引发，但不能由此认为二者是一回事。与快乐类似，满足感也常常出现在本身容易知足的个体身上，有的人性格上就属于容易满足的人，因此也会更多地体验到这种感觉。

沉浸感也是一种正面情绪。当我们沉醉于阅读或写作中时，一个人会忘记其他事情，纯粹投入自己的当下活动中去。沉浸感不仅是一种积极的、正面的情绪，也是一种极致的人生体验，对于很多艺术家、科学家来说，沉浸感是灵感、科学发现孕育的来源。沉浸感也会极大地影响我们对时间的感觉。在沉浸状态中时，有时候几分钟感觉慢如几小时，有时候几小时感觉则快如几分钟。沉浸是一种专心致志、聚精会神的状态，能够让人们体验到作为人非常不同寻常的精神层面。不过，类似于快乐和知足，沉浸感也更常出现在本身就注意力集中并热爱自己所做的事情的人身上。

虽然上述正面情绪有一定差异，但研究表明，正面情绪往往容易在某一时刻同时出现并共变，个体从而会体验到多重正面情绪，正面情绪也因此而彼此关联更多且不好区分。（Barrett, et al. , 2001）比如，兴奋和快乐容易叠加，满足和快乐也常一起出现。正面情绪的发生及其频率，与人际关系状况有关，也与主体控制和掌控自我的程度有关，还与生命、精神体验其强度有关。研究者们认为，正面情绪与负面情绪有许多显著差异，对正面情绪的研究，应该尝试与负面情绪研究有别的、更加多元、多视角的研究模式。（刘易斯，哈维兰 - 琼斯，巴雷特，2015，597—598）当今的正面情绪研究，会更多地强调正面情绪在人生幸福体验当中的构建作用。而从治疗的角度来看，由于一个人不太可能同时感受快乐和抑郁，所以，如果我们感受到其中一种（如正面情绪），则另一种（如负面情绪）将被替代，反之亦然。① 因此，心理学家也会建议，我们应该通过努力拥有正面情绪，来治疗和应对负面情绪导致的心理障碍。事实上，正面情绪在一些时候，确实能够抵消负面情绪的影响，并帮助人们从负面情绪中更快恢复。那些体验更多正面情绪的人，会有更少的痛苦，更良好的健康状况，也能相对较好地抵御疾病且更长寿。不但如此，正面情绪有助于提高个体的免疫反应能力，从而更不易令主体感染病毒并患病。这些年，积极心理学研究越来越多的其中一个原因，就是研究者希望通过研究正面情绪和积极情绪，为更多人的福祉和健康提供有益帮助。相比负面情绪易导致聚合性思维的功能，正面情绪则在引导创新性思想及行动方面可圈可点。这也许是人们未料及的正面情绪的好处之一。不过，需要注意的是，如前所述，对正面情绪（尤其是涉及与多巴胺释放有关的正面情绪）的过分追逐，也会容易导致行为上的失控以及相反的结果。比如，出现上瘾等难以摆脱的行为模式。药物上瘾等尽管会短期刺激多巴胺，但由于过度刺激，个体体验愉快的能力会逐渐变弱甚至消失。也就是说，过度刺激多巴胺并不会带来更多个体记忆和期待中的愉悦感，反而会使那种正面感受的能力降低。这会导致恶性循环，因为个体可能会使用更多药物或某种物质，以及以更多的成瘾或带有强迫性的行为，去刺激多巴胺的释放，从而使主体的掌控感减弱甚至失去掌控感。在某种意义上，过多地索取愉悦感也许会成为一件坏事。"这种激起渴求而无法

———————————

① 我们也许会思考这样一个问题，即开心和悲伤是否能够并存？喜忧参半、百感交集这类日常例子似乎暗示，正面情绪和负面情绪可以在某些情况下同时存在。研究显示，文化中强调辩证思维的社会个体（如东亚的个体），以及跨文化生活的个体身上，这种混合情绪出现的概率会增加。（施塔、卡拉特，2015，73）这确实是一个有趣的现象，也是受文化和思维环境影响的情绪的特殊情况。不过，一般情况下，正面情绪和负面情绪确实并不兼容，例如，快乐和愤怒就难以共存。这种不兼容不仅仅意味着我们文中所言，一种正面情绪可以取代一种负面情绪，或者反过来，一种负面情绪可以取代一种正面情绪。它更意味着，一种正面情绪的体验，与一种负面情绪的体验是完全不同的。

停止渴求本身就是消极的。"（塞利格曼，2020a，137）但无论怎样，正面情绪意味着主观感觉良好。而这种好的感受能够帮助人们建立主动性、创造性并享受生活。甚至可以说，好的感受是好的生活的重要部分。积极的情绪能够帮人们更好地适应生活，并显著提高生活的满意度。对现代生活来说，正面情绪存在其适应性功能。其有助于人们接纳新知识，引导人们进行有创意的、有新意的思考过程，并有助于减弱和消解负面情绪。此外，正面情绪也会帮助个体扩大心理能量，在逆境中更好地应对挫折。这些都是正面情绪的种种价值。

（二）负面情绪的几种类型

与正面情绪相反，负面情绪往往意味着负面的、不好的体验和心理感觉。在人们的各种情绪感受中，约有一半都是负面情绪。负面情绪包括悲伤、抑郁、愤怒、焦虑等。这些负面情绪不仅会给个体带来不好的体验，还容易扭曲个体的认知，并对正常生活和身心健康带来消极和有害的影响。因此，负面情绪是人们倾向于回避的情绪状态。当负面情绪（尤其是长期的负面情绪）出现时，个体也许会出现身体疾病、免疫功能紊乱、攻击性、自我评价过低、意义感缺失、饮食障碍、行动困难、药物滥用及精神崩溃等一系列问题。负面情绪会降低自我效能感和生活质量，也会影响社交生活。按照经济学当中效用理论的解释，如果正面情绪可以看作收益，那么负面情绪可以看作某种损失。（Loewenstein, O'Donoghue & Rabi, 2003, 1234；戈尔茨坦，2015，499）所以，负面情绪一直是心理学领域关注的重点，也是学者们着力要去解决和处理的对象。

悲伤是一种负面情绪。当我们遇到丧亲之痛时，爱而不得时，看了一部悲剧电影，听了一首伤感的歌时，我们会感到悲伤。悲伤来临时，我们会情绪低落，不愿社交，难以恢复好心情。和快乐等情绪类似，有的人从人格或性格上就是容易感到悲伤忧郁的，这些人一般比其他人更容易感到悲伤的情绪。悲伤的体验并不好，人们一般也并不追求处在那样的状态中。总之，悲伤与失去或失去感有关。

焦虑也是一种负面情绪。焦虑在现代社会很常见。当我们处在较大的外部压力中时，当某个我们在意的结果还悬而未决时，当我们对处理某事感到不够自信时，或者当存在可能的危险而其尚未发生时，个体都会容易产生焦虑的情绪。它会常常提醒个体潜在的威胁。当焦虑感来临，我们会觉得神经紧张，坐立不安，容易分心，心情难以平静。有的人在性格上便属于易焦虑的，因此更容易体会到焦虑感。焦虑是一种并不愉快的体验。

抑郁同样是一种负面情绪。抑郁可在儿童期、少年、青年、中年、老年等不同人生阶段发生。抑郁的表现为沮丧、低落。抑郁发生时，个体的兴趣和愉快感会降低，常会有反刍式思维（rumination），也会出现失眠、体重变化、疲劳等表现。长期的抑郁会严重影响正常生活，甚至会导致自杀倾向。处在抑郁中的个体总是倾向于悲观失望，对生活失去热情。与焦虑类似，有的个体在个性上就有容易抑郁的倾向，这类人也更易体会到抑郁感。

与正面情绪相比，不同的负面情绪之间在体验上的区别更为明显。焦虑和抑郁的感觉不同，愤怒和悲伤的感觉也不同。如果以焦虑和抑郁为例，我们发现，虽则有时会有两种以上的负面情绪如焦虑和抑郁同时出现导致共病，但在更多情况下，焦虑和抑郁仍然独立出现，并会伴有不同的行为倾向和生理变化。所以，已有研究对负面情绪的研究也很注重从每种负面情绪各自的特点展开。后面我们将会把焦虑和抑郁作为重点例子来进行考察。

负面情绪之所以在长久的进化史中得以保留并存在，确缘于其有一定的适应性功能。负面情绪在远古时期有助于帮助人们识别猛兽等危险，往往与生死攸关的情境有关，有助于个体和族类的存活。但在今天，人们的生活安全程度大大提升，负面情绪这方面的帮助已十分微弱，反而容易导致一些无效行为。如今看来，其对人们正常生活的损害程度越来越大，会造成人们更加悲观、消极、逃避的生活状态。虽然即便在今天，负面情绪（如焦虑）在一些情况下仍有利于短期的决断，但长远来看，它们既不利于健康，也不利于长期的规划。不但如此，它们还会令相应的主体深受其扰。所以，心理学伊始一直关注如何减轻和缓解负面情绪，从而让人们拥有更好的心理状态。

　　从统计学相关性来看，研究者们认为，负面情绪会伴随免疫系统功能的减弱，以及疾病易感率的增加。可见，正确应对和处理负面情绪，是我们要特别注意的。不过，这并不意味着面对负面情绪，就要刻意地回避甚至压抑。事实上，过分压抑负面情绪的效果并不好。如前所述，主动压抑负面情绪虽可能有短暂的好处，但长远看来，因其本身属于不自然的策略，反而容易增加患心脏病（例如冠心病）的可能。（傅小兰，2016，418—419）不仅如此，如果对负面情绪压抑不成功，会使负面情绪在主动的短暂压抑之后不自觉地反弹，使其更加具有（超出掌控的）侵入性，从而引发个体更多的痛苦感受。[①]此外，压力自身虽然不是一种情绪，但是它的存在会容易触发负面情绪，主体在压力情境下会出现一些相对极端的反应（如战或逃）。持续性的压力甚至会对健康造成威胁。所以，今天的负面情绪管理，也涉及对压力情境的合理应对。

---

　　① 一个有关想法抑制的实验表明，当被试被要求不能想"白熊"时，被试想到"白熊"的频率反而更高。（Wegner, et al., 1987）这说明，刻意压抑想法会起到相反的效果。而至少在成人中，压抑情绪等也容易产生类似的回弹性或反弹性结果。

四　情绪的相关机制

从人类情绪发生和身体构造以及二者之间的关系来看，情绪与大脑的特定位置及功能、特定神经活动、特定系统和相应变化等方面有关。下面我们就大致从这几方面做一点阐述。

从大脑的特定位置来看，大脑皮层、不同的脑半球、杏仁核、下丘脑等，都与情绪的发生及不同的情绪状态有关。人类和灵长类动物的大脑皮层在多重意义上与情绪体验有关，且能以不同的方式将记忆等与情绪整合，并影响情绪的不同类型。有学者指出，不同的脑半球以及不同的内部系统，分别会负责正面情绪和负面情绪（或者说，涉及接近和回避的相关系统）。比如，左半球对应于正面情绪的相关状况，而右半球对应于负面情绪的相关状况。（格里格、津巴多，2016，387—388）大脑的完整与否也会影响情绪状态。对于大脑特定区域缺失的人来说，情绪反应，尤其是那种特定感受可能会出现不同程度的丧失。主体也许在看到惨烈事故的相关图片时并不感到悲痛，而是感到冷静和放松。有些前额叶损伤的人，也会显得情绪淡漠，容易做出冲动或错误的决策，并出现有偏差的道德判断和道德行为。（Damasio，1994，53–54）而借助正电子扫描技术（PET）追踪皮层变化，显示快乐、悲伤以及恐惧等，分别涉及大脑不同位置的激活。比如，快乐的感觉或幸福感，与左侧前额皮层有关，（迪唐纳，2021，23）而且，当快乐的情绪出现时，活跃的脑区还有"下丘脑前额叶皮质、杏仁核、腹侧纹状体、额前回、前叶背外侧、后扣带回、颞叶、海马、丘脑和尾状核等"；悲伤出现时，活跃的脑区有"前额叶皮质中部、额下回、颞上回、楔前叶、杏仁核、丘脑等"；在恐惧发生时，活跃的脑区则有"海马、杏仁核、前额皮质"。

（傅小兰，2016，72）如此看来，不同的情绪与不同的脑区有关，但与此同时，我们发现，不同的情绪也可能在脑区的激活上存在一定的重合。比如，快乐和悲伤各自出现时，活跃的脑区都包含丘脑；快乐和恐惧各自出现时，活跃的脑区都包含海马；快乐、悲伤和恐惧三者分别出现时，活跃的脑区都包含杏仁核。

　　从情绪与神经结构和神经活动之间的关系来看，情绪与神经元和神经递质的特定活动有关。情绪发生时，由于人脑包含许多复杂神经运算和网络关联，神经细胞会彼此连接起来，也会以不同的路线存在于身体中。而且，情绪的发生过程往往是不同的身体部分和身体组织协同作用的过程。比如，呼吸系统，血液循环系统，大脑，身体动作等，它们相互之间彼此影响，从而造成不同情绪的产生。

　　从情绪发生与人体尤其是大脑中的特定系统之间的关系来看，大脑负责情绪调节的系统包括"威胁—防护"、"驱动—寻求和奖励"以及"满足—抚慰"等系统。（迪唐纳，2021，77）前者涉及负面情绪，后两者则涉及正面情绪。我们会发现，正面情绪往往意味着大脑中的奖赏机制被激发，从而产生多巴胺、5-羟色胺等。当我们经历了高兴或者快乐的情绪之后，大脑会释放出多巴胺。而负面情绪则往往伴随着皮质醇与肾上腺素的升高和免疫系统的失调，此外，"战或逃"也是负面情绪出现时，人体系统的一种特定反应。自主神经系统尤其是交感神经系统的激活与情绪的发生也密切相关。自主神经系统（autonomic nervous system/ANS）是从脊髓出发然后到达各个器官的。"自主神经系统是由从脊髓发出的延伸到各个器官（例如心脏、肝、胃、肠、生殖器，甚至是动脉周围的平滑肌）的神经元组成。"（施塔、卡拉特，2015，82）可见，自主神经系统涵盖的范围很广，也会涉及各个与情绪生理感受有关的器官。自主神经系统会不断地调节身体的机能及运行，以保证个体的身体处在相对平衡的状态。无论是心跳的快慢，还是血液的流速，自主神经系统都能根据机体的状态和外界环境来对它们进行调整。但是，有研究表明，一些自主神经衰竭的中年被试仍主诉有情绪，这表明，情绪的发生并非在很大程度上依赖于自主神经及相应的身体唤醒状态。（Heims et al.，2004）此外，研究也表明，正面情绪如快乐和喜悦，与负面情绪如愤怒等都会伴有血压升高，也都会有自主神经系统活动的增加。（Kreibig，2010；Behnke et al.，2022）可见，自主神经活动的增加并不能作为严格区分正面情绪和负面情绪的生理标准。反过来，仅靠自主神经系统也不能简单得出某个主体处于正面还是负面情绪中，甚至不能得出处于哪一种具体的情绪（愤怒、恐惧、快乐还是喜悦）。

自主神经的分支（交感神经和副交感神经）一般也会起到不同的作用。比如，恐惧和愤怒等负面情绪出现时，交感神经系统就会激活，身体活动会加速。不过，值得注意的是，正面情绪发生时，也会有交感神经的激活。可见，正面情绪和负面情绪都有可能伴有交感神经系统的激活。这似乎为这样一种思路提出了挑战，即交感神经系统是正面或负面情绪二者之一的基础。显然，二者都伴有一定的交感神经系统激活。因此，仅以交感神经系统不能区分正面情绪和负面情绪。

大脑当中的杏仁核尤其与情绪相关。从研究来看，杏仁核损伤的动物不能按照常规那样评判某物体可能造成的结果和效应，也不再表示出原有的相应情绪：

它们接近蛇，试着捡起燃烧着的火柴，把粪便放进嘴里（Kluver&Bucy，1939）。杏仁核损伤的猴子也不再害怕接近攻击性的猴子和不熟悉的人类（Kalin，Shelton & Davidson，2004），导致自己有时候受到伤害（Rosvold, Mirsky, &Pribram, 1954）。（施塔、卡拉特，2015，114）

　　尽管研究者对于杏仁核的精确功能还不能完全确定，但对于杏仁核的更多研究确实表明，杏仁核与情绪的关联极为密切。可这并不意味着，仅仅明确杏仁核的功能就能够帮助我们发现关于情绪的全部真相。事实上，在上述我们的介绍和描述中，我们发现，任何一个单独的脑区活动，都常常与好几种心理过程相关，反之亦然。这说明，目前的经验证据还未能表明，某个脑区或某种神经活动，必然与某种情绪相关。

　　除了杏仁核，下丘脑也会在我们感受到强烈的情绪时起作用，尤其是，其会在控制相应的身体改变方面起关键作用，且会引导垂体，在面对压力之下释放皮质醇。不过，下丘脑虽与特定的一些积极情绪有关系，但一般情况下与负面情绪的关联更大。（施塔、卡拉特，2015，120）这显示，下丘脑既与正面情绪相关，也与负面情绪相关。这样一种大脑部位，也不能作为区分正面情绪和负面情绪的有力基础。

　　不少情绪的发生是身体本能的反应，也包含了一系列身体内外部状态和行为的变化。情绪能激活许多身体器官包括脸部、心血管、内分泌等方面的相应变化。坎农（Walter B. Cannon）就指出，情绪发生时总涉及肾上腺素的增加和血糖上升。（Cannon, 2019, 52, 66）再如，惊跳反射是我们所具有的一种本能性恐惧反应。惊跳反射表现为，不论是人类还是动物，都会对突然的大声量表示出恐惧。惊跳反射发生时，肌肉、眼睛、肩膀、手等部位会发生迅速的保护性变化。这其中，噪声信息能够快速通过耳朵，到达脑部之后又马上传递回肌肉。这一过程也伴随着交感神经系统的激活。其他一些负面情绪（如愤怒）也会有相似的反应和表现，包括心率变化、血压上升、体表温度上升、肌肉紧张度增加等。(施塔、卡拉特，2015，157，159)可见，上述这些指征可以在不同的负面情绪中出现，因此看上去不易作为区分不同负面情绪的工具。不过，在一般情况下，似乎不同的情绪或多或少有些生理状态上的差别：

> 研究者发现，不同的情绪表现出不同的心率和指温反应。在愤怒、恐惧和悲伤的情绪下，心率是缓慢从基线开始增强的；在快乐和惊奇情绪中，没有表现出这样的趋势；在厌恶中，心率有轻微的下降。除此之外，在愤怒和某种程度的快乐情绪下，指温显著升高；在恐惧和厌恶中，有轻微下降。这两个变量的变化模式表明至少愤怒、恐惧和厌恶是可以通过它们的自主神经效应进行区分的，但是，对于悲伤、快乐和惊奇还不能确定。(施塔、卡拉特，2015，94)

> 不同情绪的生理反应模式是不同的，如满意、愉快时心跳节律正常，恐惧时心跳加速。然而，也有研究者认为，有些情绪会激起同样的生理唤醒，如爱、愤怒和恐惧，都使心率加快。(傅小兰，2016，7)

可见，对于不同的情绪来说，心率、指温和自主神经效应还是会表现出一些差异。而且，正面情绪如快乐，相比负面情绪如恐惧等，会更少有生理唤起；心率的增长在恐惧、悲伤和愤怒等情绪下则增长更快；愤怒尤其会伴随血压、心率、心搏量、手指脉搏量及指温的上升；等等。这似乎在一些特定情况下能帮助我们区分正面情绪和负面情绪，以及不同类别的正面和负面情绪。(施塔、卡拉特，2015，94)但是，总体说来，不同情绪在生理指标上有时确会有些许差异，可这些差异是否大到可以清晰地区分不同的情绪，或者，它们是否真正反映了情绪与生理状态之间的一一对应，现有的证据还不足以给出明确的结论。

　　不同的学者对于情绪的机制也有不同的理论假设。比如，詹姆斯－兰格理论（James-Lange Theory）认为，情绪就是一种内脏反应，或者是一种对身体状态的感觉；坎农主张，情绪是中枢神经系统作用的结果，与内脏器官及其反应没有关系；杨（Paul T. Young）等学者指出，情绪是一种身体发生扰动和紊乱的状态；情绪的社会建构理论则认为，情绪的发展受到社会历史因素的影响，其在系统发生和个体发生的层面上均有表现，个体从儿童时期起就在情绪方面受到社会文化的规制，且情绪会在个体间或个体与社会间的实时互动中得以塑造；（Parkinson，2012，291，295）进化论思路认为，情绪是在进化过程中产生的，可帮助我们适应和应对各种与生存有关的情境；遗传学和基因思路认为，情绪之中包含着"基因编码的反应程序"，可被外界的不同事件所激发启动。（格里格、津巴多，2016，388；傅小兰，2016，3—4、62）也有人认为，情绪的产生有赖于遗传和进化等共同作用。这些不同的进路，对情绪的发生机制，从不同方面做出了说明。

　　情绪也与个人的性格特征有关。有的人相比他人更容易感到急躁和愤怒，有的人则更容易感到快乐。此外，情绪的形成也有文化等外在因素影响。一些理论直接将文化社会因素作为情绪形成的主要土壤。比如，有一种维度模型认为，人们的基本情绪是由心理和社会构建起来的，而在不同的文化中，使用的故事框架和基础性的脚本不同，因此，不同种类的基本情绪，会在不同的场景中被识别出来。（施塔、卡拉特，2015，29）在某种意义上，可以说我们的情绪也有习得的成分。

　　我们已从不同的方面对情绪的可能机制做出了描述。这其中，我们看到：（1）不同情绪虽与不同的大脑部位有关，但由于常常有不同种类的情绪共享某处区域的激活，反之亦然，因此，仅凭大脑部位无法独立识别出情绪状态；（2）交感神经系统虽然与负面情绪有关，但也与正面情绪有关，所以我们也难以绝对地说，其可用来定义和识别情绪的类别；（3）其他生理身体方面的变化（如血压升高、肾上腺素增加等），往往也存在类似的情况，即同一种生理身体变化可能对应于不同的情绪；（4）存在与情绪相关的重要机制（如自主神经系统）受损但情绪依然存在的例证，说明情绪的存在似乎可以独立于相关神经生理过程。可见，虽然这些情绪伴随着不同的生理变化，但情绪体验却并不必然对应于某种特定的生理变化，因此上述生理方面的机制及相应的身体变化可以作为一定的参考帮助我们理解情绪，但我们却不能凭此而简单以生理变化来定义情绪。

不过，也许有人会问，如果愤怒和兴奋时的生理变化有可能是重合的，那么会不会意味着二者的感受也是类同的？我认为，首先，这一问题已经假设了相应的生理状态和感受之间的一一对应。可这一假设恰恰是我要探讨的对象。而且，其不仅是我要探讨的对象，还是我所反对的观点。其次，对于主体来说，愤怒和兴奋、抑郁和快乐等情绪之间肯定是有差别的。第一，这种差别一定是感受层面的差别。第二，这种差别对于主体自身来说是可以识别的。一个人感到愤怒时，他不会将那种感觉识别为兴奋的。而当一个人感到抑郁时，他也不会将那种感觉识别为快乐的。

那么，有无这样的可能，即对情绪的识别，是主体自身结合情境、生理等因素的一种解释或者归类呢？有一种激活归因理论就认为，生理唤醒或生理状态本身是一种"未分化"的状态，心跳和呼吸变快的时候，主体会根据不同的情况来解释自己的情绪。（郭召良，2020，18）比如，个体也许在面对恐怖分子时将其解释为恐惧，而在面对魅力异性时将其解释为兴奋。但是，这一理论虽然在一定程度上说明，情绪的生理方面与情绪类别之间并不必然一一对应，也提供了一种从主体角度定义和界定情绪的有益思路，但是却存在这样两个问题。第一，我们在经历某种情绪的时候并不只有生理唤醒，那种生理唤醒也不能全部定义我们的情绪感受。第二，这一理论在某种层面上，模糊了恐惧和兴奋之情绪感受本身之间的差别。我们此处应该考虑这样一个问题：是不是所有涉及情绪的生理身体变化都等同于我们经历那种情绪的相应感觉？应该说，有些生理变化与我们的情绪感受重合，或者组成了我们情绪感受的部分。比如，心跳变快，头皮发紧，这些一般是我们能感觉到的。但是，血压升高、血液流速变快，以及自主神经系统等内部变化，则很难说也是我们能感觉到的。所以，虽然这里考虑了情境、社会等因素，但对于主体来说，仅通过自身感受所能参考的生理状态仍然是有限的。可见，虽然这一理论给我们提供了一些启示，也从其他的方面为我的立场制造了一些解释性的挑战，但经过分析之后，且从更大的范围来看，我们还是坚持前述基本思路，即生理神经等状态并不能对等于情绪的不同类别。

五　情绪的表达

不仅人类有情绪的表达，很多动物也会有情绪的表达。比如，不少动物在面临威胁时，会调整其外观，从而让自身显得更加庞大，以震慑相应的对象：鸟类的羽毛会竖起来；猫会将背弓起来；灵长类动物则往往用后腿站起来，等等。（施塔、卡拉特，2015，44）可见，即便对于动物的情绪我们没有类物种的感受基础，但却依然可以根据这些外部状态和行为变化做出适当的推测。

从表情上看，表情包括面部、姿态和语调上的表达。面部肌肉的变化会表现在，愤怒的时候皱眉、脸庞发红等，高兴的时候嘴角上翘等。身体姿态的变化会表现在，恐惧的时候肩膀会收缩，高兴的时候四肢会摆动等。（傅小兰，2016，7）语调的变化体现在，开心的时候语速变快，而沮丧的时候则语调缓慢低沉。但是，这些都只是一些较为粗糙的刻画。实际上，就面部表情来看，哪一块区域对哪一种情绪来说最为重要，从面部表情能推测出多少情绪，何种面部动作和面部皱纹对应哪一种情绪，这些都是对面部表情和情绪之间是否有系统性关联的质疑。（Ekman, Friesen & Ellsworth, 1972, 3）

达尔文较早开始描述和总结人类对不同情绪的表达（尤其是表情）。他发现，各种各样的表达（包括表情），可能与进化和生存都有密切的关系。达尔文还"根据表情特征把人类的情绪大致分为：痛苦、悲哀（忧虑）、快乐（爱情、崇拜）、不快（默想）、愤怒（憎恨）、厌恶（鄙视、轻蔑）、惊奇和害羞"。（陈蓉霞，2009，3）

世界各地的人在各种情绪的表达方面是比较相近的，愉快的时候会笑，难过的时候会哭。但也有些情绪会体现出一些细小的差别。"不同文化中的人们存在一些面部表情的差异，哪怕是基本情绪如愤怒、恐惧、悲伤和厌恶等。"（施塔、卡拉特，2015，67）有时候，造成差别的因素可能与文化和语言表达本身有关。比如，在一项实验中，被试被要求为不同的表情贴上标签，在面对某一种表情时，美国被试贴的是尴尬的标签，印度被试则贴上了另一个对应于尴尬但不止这个语义的一个语词标签。这确实与和情绪对应的语词含义及其使用有关。印度的奥里亚语在应对尴尬、羞愧和害羞时使用的是同一个整合了语义的词。（Haidt &

Keltner, 1999, 240）不过，人们仍然能够在事实上区分并注意到这两种表情的差异。可见，拥有和识别某种情绪，不一定必然需要某种概念语词。所以，我们并不需要语言中一定有表达某种情绪的特定词项，才能着手研究相应的情绪是否存在，通过比较、寻找接近或差异，我们仍然能够找出那种情绪的存在及其表达。因此，无论是否当地人有对应的词语，研究者都可以通过观察和比较来展开研究，甚至发现哪些部分是普遍的，哪些部分是文化意义上相对的。

大部分情绪的表达和识别仍然是相似的。这意味着情绪可以超越文化，属于人类共通的心理种类。但要是考虑更多因素，如将道德因素考虑进来的话，那么事情可能会变得复杂。不同文化中，情绪与道德的关联常常会有差别甚至出现对立的情况。有些情绪在一种文化中是道德的，在另一种文化中则不然。文化差异会进一步导致我们在识别和认定他者的情绪表达时出现程度上的差别。比如，一个主张在公共场合压抑自己情绪的社会环境，当有人在公共场合张扬地释放自己的情绪，会被认为是反常和令人难以接受的。有些社会文化会以此倡导并规范，使人们克服与情绪有关的自然面部表情，从而将其转变为某种社会性的情绪表达习惯。日本社会在这方面的表现尤为显著。但是，有的社会环境（如美国）则鼓励大胆表达自己的真实情绪。此外，不同的小环境（如家庭、朋友圈、职场）等也会有不同程度、不同方面的约束。有些特定情绪甚至只有在不同文化与具体情境下才能诱发出来。

进一步，我们可以说，至少对人类而言，情绪的表达存在社会规范的制约。比如，当来访的尊贵客人打翻了酒杯，你不能表现出愤怒。所以，人类的情绪表达并不是完全随心所欲的，而是与社会礼仪有重要的关联。在一些特定行业如空乘服务行业中，工作者还被要求去规制自己的情绪，避免不合适的情绪表达。甚至有的空乘人员会被教导，要将愤怒的乘客当作儿童一样对待和安抚。（Hochschild, 1983；施塔、卡拉特, 2015, 65—67）在相当的意义上，社会层面的情绪表达受到复杂的规定约束。

就具体的表达而言，当我们感到恐惧时，我们的瞳孔会变大，眉毛会升高，嘴角下方会马上收缩，嘴巴会张开并增加呼吸频率。当我们感到愤怒时，会怒目圆睁，绷紧嘴唇，音调变高，身体的姿势和行为也会发生相应的变化，愤怒的人会出现更多攻击性和威胁性的行为。当我们感到吃惊时，也会张大嘴巴或睁大眼睛。有时候，我们自己作为主体，都未必能反应过来各方面出现的这些快速变化。这些情绪的表达方式从婴幼儿时期开始就在逐渐发展。4周左右的婴儿会以微笑表示愉快，会通过哭闹表达自己的不安、愤怒或恐惧，也会慢慢受到养育者的影响，学习对情绪的更多社会性表达。等到幼儿阶段，个体会有更多的情绪体验和情绪反应，相应的情绪表达也会随之增加。（卡尔, 2013, 172—173）

情绪的表达不只有面部表情，还有行为表现。比如，在感到恐惧时，有些小动物的身体会变得僵硬，而且会不再尝试探索，并保持静止状态。从行为表达上看，达尔文有一种十分有趣的理论原则——对立原理。他认为，在理解和判断情绪时可以遵守一种对立原理。就是说，如果在某种情绪及冲动下有相应的动作，那么在相反的情绪和精神状态下，我们也会有相反的动作。（达尔文, 2009, 229）尽管达尔文对情绪的表达做出了详细的研究，但他也坦承，对表情的观察并非易事。原因很多：要么表情会飞速逝去，要么我们对于表情本身在理解和把握上会不准确，要么现有的表情理论本身不一定可靠，要么我们对表情的起源并非足够清楚，要么隐藏在表情背后的真实情况未必体现出来。出于这些原因，达尔文指出，我们可以对婴儿、精神病患者等特殊类型的人群进行更多的观察，这会帮助我们更好地将特定情绪与特定表情及表达进行尝试性对应。（达尔文，2009，13）不过，即便这样，达尔文也不确定，表情和情绪之间一定有一一对应的关系。

情绪的表达也因不同人的性格而有所差异。比如，在感到愤怒时，有人展现出攻击性，有人则会表示疏远。可以说，情绪反应的表达包括语言、行为以及外部生理变化的各种显现。而且，情绪的表达（包括表情）也在相当意义上与后面我们所说的情绪的功能有关系。

综上来看，我们可以注意到的有三点。第一，情绪不一定被表现出来，但未被表现出来的情绪也可以以隐蔽的方式存在。第二，情绪与特定的表情、行为等外部表达不一定一一对应。比如，愤怒在不同文化和个体之间也许在表现层面差异很大。所以，不能反过来以情绪的表达作为刻画情绪的尺度。第三，尽管情绪的表达可以作为一个判断他者情绪的依据之一，但情绪仍不等同于情绪的表达。比如，一个非常优秀的演员，因其高超的演技，可以做到对某种情绪十分传神和逼真的表演，但那并不意味着其真实地经历了那种情绪。那大概只是一种表演技巧的体现，不能等同于真实的体验。相反，一个喜怒不形于色的人，即便内在的情绪起伏很大，表面上也许什么也看不出来。我们不能因此认为此人没有相应的情绪。总之，情绪的表达虽然是判断和识别情绪的重要标准，但其并非严格可靠的。

六　情绪的功能

情绪本身有特定的功能。对此我们可从以下几个方面来看。

（1）情绪有生存适应性功能和进化意义。不少负面情绪都会有警示和保护作用。比如，恐惧能够帮助个体远离危险并保护自己。焦虑也有一定的保护性功能，可帮助个体提前规划并避免可能的威胁。正面情绪也有其生存性价值。比如，快乐会增强主体的趋近反应，从而为个体选择更有利的生存环境。沉浸感能够让个体更好地从事某项事业，且不受常规的时间所完全约束。

（2）情绪也有维持社会秩序和社交性功能。在特定的文化社会环境中，情绪可用来评判不同的社会角色、加强已有的社会等级。特定情绪的诱发可以促进某些社会价值的传递。情绪也有社会交往功能。能与他人共情、拥有并表达更多的正面情绪等，都会有利于个体与他者之间的交往。而且，随着年龄增长，对自我、他人和社会交往规则的理解都会促进情绪发展，而情绪的发展和成熟反过来也会帮助个体提升社交能力。

（3）情绪与其他的心理状态有互动关系。在一些场景中，或者在特定事件发生时，当时强烈的情绪能够有效地增进后期对此的记忆。这也许是由于，一方面，当时强烈的情绪渲染和强化了当时的体验，使得其以某种更为深刻的形式留存在记忆中。另一方面，可能是那一情绪出现的场合，或引发那一情绪的事件，相比其他事件更为重要，甚至对人生有重大意义，所以，记住这些事件（不论是好事还是坏事），也有助于我们更好地生存，并对以后相似的情境进行预测和判断。

（4）情绪能够帮助人们做决策，且情绪影响下的决策未必不如理性分析的结果。面对道德情境时，情绪的反应有时会显现出进化过程中的偏好和近似本能一样的能力或倾向，它们会以看似奇怪、我们不一定马上理解的方式保护生存。（施塔、卡拉特，2015，329）但情绪有时也会促使人们做出愚蠢的决定。比如，快乐的情绪与多巴胺有关，但过度追求多巴胺则可能会使得人们更追求短期和当下的快乐，而导致长期的风险或问题。此外，对情绪的预期也会影响我们的决策，人们会因为预期到某种决策所带来的情绪（无论是开心还是沮丧）而选择或放弃那种决策。

综上，情绪的功能有生存性的也有规范性的，还与其他的心理过程有一定的互动关联，并能够帮助人们做决策。可以说，情绪有其生存和社会性价值，也在相当意义上与个体的特定认知有关系。不过，后面我们会看到，虽然情绪与认知可以发生关联，但情绪本身并不包含认知，也没有认知内涵。

七　情绪的主观感受性和生理测量的局限性

情绪带有很强的主观感受性，这是情绪最为重要的特征。与外部的特定表现和行为等相比，主观感受性可算作衡量一个人是否真正经历了某种情绪的根本标准。不过，这种情绪的主观感受特征，对从科学研究角度而言的生理测量方法提出了挑战。

实际上，对不少研究者来说，情绪状态及其程度如何，在很大层面上有赖于主体的自我报告（self-report）。不过，自我报告也可以和相关的测量手段结合。比如，主试有时会让被试以数字1—10（由轻到重）中间的某个数字来形容某种情绪的强烈程度。虽然，对于不同的被试来说，到底什么数字代表什么样的情绪程度，其个人标准可能不一，但数字的变化在反映个人情绪历时性变化方面的有效性依然不可小视。比如，某被试昨天的焦虑程度为6，而今天的焦虑程度为2，那么，这里的数字变化及其所代表的焦虑程度的波动（焦虑程度在降低），依然在理解此个体的情绪变化方面具有参考价值。

对情绪的生理测量还有很多其他手段。脑电图（EEG）是常用手段之一。不少研究者认为，情绪的发生与大脑活动密不可分，因此对大脑的监测可作为测量情绪的手段。脑电图就是对受到相关刺激之后的个体其大脑状态的即时探测。但这只限于脑电反应，主观感受的即时变化并不易以此种方式得以测量。功能性磁共振成像（fMRI）也是一个常用手段。这种手段旨在以血流量和对信号的追踪来评估大脑活动和心理状态。fMRI 也有其限制性。比如，核磁共振在一个狭小空间完成，且被试头部不能移动，这对于幼小的儿童和幽闭恐惧症者来说是较大挑战。此外，呼吸、血压、胃肌电、皮肤电位、身体温度、手指温度、心率变异、皮质醇释放量、行为表现（执行特定任务的情况）等，都是相应的生理测量指标。（傅小兰，2016，150）这些生理测量对正面情绪和负面情绪及其程度的判定有一定的用处。而且，对正面情绪和负面情绪的测量，以及二者之间形成的数据性比率，也可以作为预测个体未来行为和心理的参考依据。不过，在一项实验中，相比薰衣草，主体报告了吸入柠檬油所带来的正面情绪的增加，但这种正面情绪的增加却并未伴随生理诸多方面的变化。（Kiecolt-Glaser et al. , 2008）这既说明自我报告和生理测量存在不匹配的情况，也说明主体感受与相应的生理测量之间存在不对应性。

　　情绪的生理测量存在如下问题。第一，在自我报告、行为和各种各样的生理测量当中，哪一种或哪些才是最重要的呢？考虑一下，如果我们测量激素或机体内部的运行过程等，但却不测量肠胃状态等情况；如果我们测量血压心率，却不测量皮肤电位等，会不会漏掉一些重要的参考信息？有些研究者会几种手段并用，可如果这些手段所得到的结果彼此不一致，该选择哪一种作为根本标准呢？这是一个难以解决的问题。第二，实验室环境和日常场景之间存在差异。实验室是受控条件，在这种条件下的被试常常会因实验本身的控制性和人为性受到影响，从而难以表现出正常和日常的状态。这不免令人发问，实验室条件究竟在多大程度上能够还原情绪发生的实际情况？对此，即便是心理学家自己也会表示担忧。学者加洛蒂说："如果在实验室以外根本就不是这么一回事，或者发生的情况与实验室中存在显著的差异，那么即使最为严格控制的实验也毫无价值。遗憾的是，现在还没有一种简便或有保证的方法来确保实验室任务准确无误地模拟现实中的情形。"（加洛蒂，2015，2）其他相关问题还包括：个体在不同方面（如教育、理解能力、个性等）的差异会影响实验结果的准确性；实验所使用的模型不一定准确；实验的设计会有人为性，也可能会有先入为主的偏好；在实验室中研究和考察情绪，还要进行相应的情绪诱发，可诱发效果未必稳定，且不同诱发方式所导致的情绪在各方面会有比较大的差异；研究者所能测试的情绪体验类型有限，难以穷尽所有的情绪种类。我们大部分的情绪在生活情境中，而非在控制条件下产生。"而且，经得起实验研究检验的任务不一定就是日常生活中最为重要或最为一般的现象。"（加洛蒂，2015，10）总之，实验室由于控制性、简化或纯化对象等特点，虽然易于帮助科学家们分离出因果过程，但却既不容易准确把握情绪，也不容易把握情绪的复杂性。第三，情绪也许包含着生理变化和生理反应，但反之并不亦然。比如，跑完或快速移动身体会导致心率变化，但你也许没有什么特别的情绪。当你感到身子冷或者热的时候，血管的收缩会出现变化，但你此时也不一定有什么特定情绪。因此，尽管相比自我报告，生理测量更具科学性，尤其是，生理测量常常可以通过数字来进行精准表达，但是在什么数值范围内，我们就说某个人一定感到兴奋、焦虑或是紧张，则是很难有客观标准的。每个人对于兴奋、焦虑或紧张的定义和理解不同，这也会使得主体自我报告呈现出差别。①

　　总体上看，主观感受性是情绪的一个最为核心的标准，也是对情绪试图从外部进行生理测量的一个挑战。但是，即便是关于主观感受性这个对于情绪来说十分核心的标准，在实际中也存在一些问题。这些问题主要针对情绪主体而言。首先，不同情绪所带来的感受有可能是较为接近的，这会使得主体在依靠主观感受识别和判定自己情绪时无法保证确切和精准。其次，虽然一般我们会认为积极情绪和消极情绪不能同时存在，但如前所述，在主张辩证思维的文化环境中，人们确实更容易感受到同时包含正面和负面情绪的混合情绪。如果这种情况存在，那么从主体的角度来看，以主观感受性来识别和分辨情绪也会存在一定的困难。不过，虽然这些问题确实存在，可是，相比于依赖外部和第三方视角的生理测量，主观感受本身依然是更为可靠的情绪判断和识别标准。

八　情绪和身体感觉

　　情绪和身体感觉是本书的两个重要部分。直觉上，我们会认为二者之间是有关系的，但实际上，二者虽然确实有一定的关系，但关系比较复杂。

　　情绪往往伴随着特定的身体感觉。比如，快乐的情绪肯定包含身体上的愉快感。享用美食之后，会体验到身体感官层面的愉

---

　　①　不过，这一问题已为一些学者所注意到。所以，在对某种体验进行主观报告之后，主试也可让被试再对自我报告的自信程度进行评级。（Wierzchoń et al, 2014）这种叠加评判的方式也许是一种相对更好的策略。但是，无论如何，主体的差异不论是在自我报告，还是在自我信任方面，都可能有所显现。这种叠加的策略如果在第二步得到的关于自我信心的程度等级是客观的，那么会使得主体的自我报告可信度增加，而如果其更加离谱，那么对于先前得到的自我报告其可信度反而会造成不利影响，或使其更加偏离客观情况。

悦，而不仅仅是快乐的心情。许多正面情绪都包含身体和感官方面的愉悦。负面情绪如抑郁的主体，则可能报告说自己有局部或全部的身体疼痛，或者更容易感到疲劳和疲惫。（贝克、奥尔福德，2014，13，166）不过，如以正面情绪为例，我们会发现，有时它们也在感官愉悦没有出现的情况下出现。比如，沉浸感和平静，都与身体愉悦并无必然关联，顶多可以说身体没有处在难受的状态，但也谈不上有什么特别的身体感觉。

同样的身体感觉可能会在不同的情绪中出现。比如，心跳加快可能会在兴奋的时候，也可能会在愤怒的时候出现。这一点，我们此前在讨论情绪机制的时候已经了解过。也就是说，不同的情绪也许会伴有近似的身体感觉。

有一种观点认为，情绪是在身体动作和身体感觉之后出现的。比如詹姆斯－兰格理论提出，你逃跑所以你害怕，你进攻所以你愤怒。（James，1907，450）这似乎与我们日常的理解相悖。日常理解认为，我们害怕，所以我们逃跑；我们愤怒，所以我们进攻。有不少人批评，詹姆斯－兰格理论将相关的因果作用颠倒了。而且，根据这种理论，肌肉或者脏器感觉对于"情绪体验是必要的"。所以，基于此，这种观点认为，酒精麻醉之后，身体感觉会相应地迟钝和减少，情绪也会因此而减少或减弱。可这似乎与一些人的情况相反。生活中，我们看到不少人，恰恰是在酒精作用之后，情绪才逐渐放大，甚至整个人变得更为情绪化，哪怕其身体确实因酒精的麻醉作用而出现了感觉迟钝。

也许有人认为，情绪本身就是身体的各种相关状态及其相应变化。确实，我们的情绪既包含身体上的（以及生理上的）变化，也常常带有外部表现。比如，当我们感到恐惧时，如果没有心跳的急剧变化，也没有呼吸的变化，那么那种感觉似乎也称不上是恐惧了。愤怒同样如此，如果我们没有心中那种火在燃烧的感觉，也没有要攻击别人的冲动等，那么那种感觉似乎也不能称之为愤怒了。强烈的情绪可能伴有心脏、血液系统、消化器官、乳腺及肾脏等方面的变化。尽管这样，我们也不能由此断定，情绪就等同于身体变化或某种身体状态。因为，情绪虽伴有一些身体状态及其变化，但更多地是一种心理感觉。我们也不能因为情绪有身体状态和变化相伴随，便断定说，情绪等同于身体感觉。因为，这些身体状态和变化并非都属于我们的身体感觉。比如，某种情绪可能伴有血液流速变快的身体变化，但个体却并未有血液流速变快的身体感觉。

　　情绪可以直接由身体感觉引发而并不一定要有外界事物刺激。比如，有时候我们在感到疼的时候，就会感到情绪低落甚至愤怒。身体感觉对情绪的状态和变化也有影响，比如，身体生病的话，情绪常常也会随之变得更差。不过实际情况可能更复杂。对于患病的人来说，也许刚开始他们情绪十分低落，但过一段时间，不少人就开始适应，情绪逐渐会与没有患病时一样。还有一个进一步的问题，其可能会涉及对二者关系的一个追问。那就是，一个全身瘫痪的人有情绪吗？事实上，瘫痪的人也会有情绪，虽然与正常人相比在情绪表现等方面有些差别。不论怎样，在瘫痪这种丧失身体感觉的情况下，情绪依然可能存在。这说明，情绪与身体感觉仍有可分离性。

九　情绪的表征论

　　表征论者认为，情绪是一种表征。但对于情绪如何进行表征，不同的人看法不一。塔艾认为，情绪也是一种表征，其表征了某种身体内部的不平衡或波动。作为现象意识的情绪，其现象特征就是相应的表征内容。比如，焦虑和抑郁被认为是表征。前者表征了身体内部状态的不均衡，后者也以某种方式表征了身体内部的另一种不平衡状态。帕皮诺也给出了一些将现象意识解读为表征的思路。他说，我们可以说，愤怒表征不公正（injustice）的发生，悲伤表征有糟糕的事情发生，药物或毒品引发的狂喜表征着这个世界非常美妙。（Papineau，2002，223）

　　一些心理学观点在涉及情绪如何发生的问题上，与塔艾的观点有接近之处。如前所述，杨认为，紊乱是情绪的关键之处。情绪在他看来就是对平静和平衡状态的打破。不论是愉快还是不愉快的情绪，都是一种扰动。（Young，1961）普里布拉姆（Karl H. Pribram）也持类似的看法。他认为，心理活动一般是有稳定基线的，但当个体的心理活动偏离这个基线的话，便会处在一种不协调或紊乱的状态，这时情绪就产生了。并且，情绪与个体的计划执行情况有关，如果计划受阻、出现紊乱和失衡，情绪也会产生。[①]（Pribram，1970；傅小兰，2016，34—35）但是，如果平静也是一种情绪，似乎在此处会构成反例。而且，这个反例不仅针对这里的心理学观点，也针对塔艾的情绪表征论。因为，显然在平静的情绪或心情中，并没有什么紊乱和波动。可是，按照塔艾等人的观点，情绪就无法在此意义上进行表征了。其实，无论是塔艾还是心理学中的相关观点，似乎在什么算作平衡、什么算作失衡这些问题上都表述得不太明确。而且，失衡或多或少意味着一种偏离正常态的不太稳定的状态，似乎容易令人感到有情绪是件不太好的事，因为其偏离了平衡态而处于失衡状态。但是，日常生活中，无论是高兴还是悲伤，只要不过度，我们并不会觉得那是一种失衡、不好的状态，或者是某种意外的、超出计划的奇

---

　　① 不过，普里布拉姆并不认为我们会去计划抑郁或不开心，且"说一个人计划抑郁是荒唐的"，他主张情绪或感受可作为一种我们"瞬时心理状态"的监测或监控。（Pribram，1970，52）

怪状态。

另外，这种所谓"情绪表征"，似乎不具有明确的语义性质，或者说，其谈不上有真实与非真的情形。我们不会说自己拥有了真实的快乐，也不会说自己充满了非真的焦虑。而且，无论表征论者如何处理情绪的内容，这种表征性理解（包括表征论所认定的情绪的表征内容）仍然无法涵盖和解释情绪的那种特定感受。我们在后面会专门结合焦虑和抑郁进行分析，看一看这些情绪究竟是否满足成为表征的标准。

十　焦虑和抑郁之外的情绪与指向性

焦虑和抑郁这两种典型的情绪我们会在后面两章专门讨论。这里先讨论一些焦虑和抑郁之外的情绪种类。

我们先来看看愤怒。愤怒往往表现为一种反击性的攻击。当我们感到未被尊重、人格侮辱或不公时，常会产生愤怒，从而容易攻击他者。愤怒来临时，心率、呼吸率都会出现大的变化，肾上腺素会激增，皮质醇及其他应激激素会出现。愤怒似乎看上去有所指向。比如，我们常常表现出对特定的某个人或某些人的愤怒。但同快乐类似，有的人自身就是愤怒性人格。这导致此个体会更易感到愤怒，或者表现为对什么都不满意。因此，心理学家认为，愤怒有时指向特定的事物，有时则是一般性的，只不过恰好表现为指向在场的某个人而已。（施塔、卡拉特，2015，174）而且，我们总是认为，愤怒所看似指向的他者是主体产生愤怒的来源，但情况不必然如此。有时候，个体感到身体不适或难受，也会产生愤怒。此时，即便愤怒时仍然表现为指向在场的他者，但主体自己十分清楚，其愤怒来源于自身的特定状况而非他者。不仅如此，愤怒也可能来源于某个事件，尽管其仍然表现为指向某个在场的他者。看起来，愤怒似乎有所指向。但是，对于愤怒型人格而言，其愤怒虽看似指向他者，但其实际上更多地是处于愤怒状态中，而非针对某个特定对象。

开心的感觉是愉悦的，也是美好的。个体感到开心时，既可以是关于某次获奖、别人的赞美，也可以是没来由的开心。尤其是，对于常常没有特定原因却感到开心的人来说，他们几乎每天都是开心的。这说明，开心的情绪不一定依赖于某个外部事物，也不一定指向某个特定对象。开心更重要的是那种感觉。不过，有人认为，快乐即便指的是那种感觉，也一定是有指向对象的，否则就无法解释快乐是如何可能的。（Heathwood, 2022, 77-78）可是，快乐确实可以是无对象或无指向对象的。因为，我们或多或少都经历过这样一种体验，就是你莫名其妙地就是感到开心，没有任何缘由，也说不清是指向哪里。

再来看看我们此前提及过的悲伤这种情绪。作为一种负面情绪，悲伤会表现为低落，难以开心。当我们经历亲人或朋友的逝去时，感受到悲凉的季节变化时，听到了一个悲剧故事或一首伤心情歌时，我们都有可能感到悲伤。与愤怒、开心类似，也有容易悲伤的人，他们的性格就是易感到悲伤的。对这些人而言，那种悲伤也是无所指向的，并不特别指向某个对象。

综上，无论是愤怒、开心还是悲伤，这些情绪都常常看似有所指向，但又非必然如此。可见，对于这些情绪，我们并不能用指向性来定义它们。这对于情绪的表征论来说，至少不满足我前述那种宽松自由的表征标准。在后面对焦虑和抑郁的讨论中，我们也会看到，焦虑和抑郁同样不能用指向性来定义。不但如此，我还会给出更多合理的理由来证明，焦虑、抑郁等情绪并不是表征。

本章小结

情绪和情感不同。相比情感，情绪的感受层面更加单一，也更易于仅从正面或负面来刻画。关于情绪的发生，我们可以寻找到一些可能相关机制和生理变化。但是，这些机制和生理变化在不同的情绪中有时会有重叠，因此，我们似乎无法单独或者一一对应地利用这些生理变化来刻画每种情绪。它们也在帮助我们识别不同情绪的过程中存在一定的障碍。比如，愤怒和兴奋的时候，有可能你的肾上腺素和血压都会升高。无论怎样，情绪是主观感受，且不同的情绪类型有不同的、具有辨识性的主观感受。这种主观感受虽然可以结合生理测量来了解，但并不能完全交付于生理测量，其仍然在相当意义上依赖于主体自身的感受，以及在此基础之上的自我报告。对于人类来说，情绪有生存性、社会性等多重功能，也有其特定的表达。但是，情绪的表达和情绪本身的存在之间，并无严格的必然关系。情绪的表征论倾向于将情绪看作表征，针对这种观点，我们将在后面结合焦虑和抑郁进行具体分析。但是，从愤怒、开心、悲伤等焦虑和抑郁之外的情绪来看，这些情绪虽然看似有一定的指向性，但并不必然具有指向性。这说明，它们并不满足我们前述最为宽松自由的表征标准。

第 六 章

焦　　虑

一　焦虑是一种什么样的感觉

焦虑是一种常见的心理状态。在现代社会中，焦虑有增加、蔓延和泛化的趋势。焦虑是一种负面情绪。这意味着，当体验到焦虑这种感觉时，我们更多地倾向于回避它而非追求它。焦虑的感觉并不好，几乎没人喜欢这种感觉。

主体在感受到焦虑时，可能会体验到精神紧张、坐立不安、手心出汗、无法专注、内脏器官不适等诸多感受。焦虑对主体而言意味着一种威胁感，这种威胁并非来源于已存在的事实，而是来源于尚未发生但可能发生的坏事。焦虑也可能造成共病，即同时伴有其他形式的负面情绪如抑郁、惊恐等。长期的焦虑往往会造成躯体疾病，会使我们的生活质量大打折扣，令人怀疑自己，更无助于远景目标的达成。过度的担心也会耗费不必要的精力和时间，并对工作效率、睡眠和自信心造成不利影响。一般情况下，普通人的焦虑通过相应措施就能够缓解。比如，在面试之前做好充分准备，在考试之前进行认真复习。但是，如果焦虑的时间过长或程度过高，就会发展为焦虑障碍。（傅小兰，2016，432）

我们将焦虑视作一种负面情绪，主要是针对这种感觉本身是否愉快而言的，并不意味着焦虑没有生存和进化上的功能和意义。可是，即便焦虑有其生存和进化意义，也不意味着焦虑因此而是正面情绪。焦虑是一种应激机制，会促使人们通过调整来进行适应性行为。从远古的人类生存环境来看，为了应对特定的突发事件（生和死、战或逃）及危险情境，并适应生存，焦虑往往会促使人类未雨绸缪，提前做好最坏的打算，或者时刻注意是否有各种威胁在附近。

心理学家巴斯这样说：

> 焦虑也是如此。当我们面临危险时，我们的进化机制马上开始正常运作，从而产生焦虑情绪。焦虑会给人们带来困扰，但它也能改变我们的想法、行为和生理状态，让我们全力应对眼前的问题（Nesse & Williams，1994）。焦虑情绪让我们保持警觉，注意周围潜在的危险。尽管这种情绪非常有用，但它所产生的压力却对人们有害，比如过度消耗卡路里、造成组织损伤等。所以，焦虑情绪之所以如此频繁地出现，一定有它的原因所在。从进化的视角来看，这个答案非常明确：在100次潜在的危险情境中，1次死亡比99次的虚报警告所带来的损失要严重得多（Nesse & Williams，1994）。（巴斯，2020，446）

这种生存意义即使在今天也依然存在。如今，适度的焦虑仍有可能促进我们更好地完成某些事情。有研究显示，中等程度的焦虑（而非过高或过低的焦虑）对于学习来说会有最佳效果。（傅小兰，2016，299）只不过，高度发达的现代生活环境，相比远古时期和欠发达时期，在自然环境的安全方面已经好了许多。现代生活中的焦虑，也许更多地与个体在社会环境中的生存和发展有关。所以，人类今天的焦虑，对自然环境的生存和适应意义已经不再那么明显，而是更多地与社会融入、职业发展、收入、地位等方面有关系。

综合来看，现代社会环境中，焦虑所带来的负面效应已经远大于其正面影响。这也是为什么从弗洛伊德开始，焦虑就一直是心理学临床治疗关注的焦点之一。人们在力图摆脱焦虑，不但因其是一种本身就不好的感觉，也因其往往阻碍着我们的美好生活。

二 焦虑的（临床）表现和自然科学解释

《精神障碍诊断与统计手册》（DSM）第五版中如此形容焦虑障碍：

> 焦虑障碍包括那些共享过度害怕和焦虑，以及有相关行为紊乱的特征的障碍。害怕是对真实或假想的、即将到来的威胁的情绪反应，而焦虑是对未来威胁的期待。显然这两种状态有所重叠，但也有不同，害怕经常与"战斗或逃跑"的自主神经的警醒、立即的危险、逃跑的行为有关；而焦虑则更经常地与未来危险做准备的肌肉紧张和警觉、谨慎或回避行为有关。有时害怕或焦虑的水平通过广泛的回避行为来降低。惊恐发作在焦虑障碍中特征鲜明，是恐惧反应的一种特殊类型。惊恐发作不局限于焦虑障碍，也出现在其他精神障碍中。[《精神障碍诊断与统计手册》（DSM）第五版，2016，181]

在体验到焦虑时，主体可能会有回避、警觉、肌肉紧张等感觉。引发焦虑的情境也各有不同，当这种感觉走到极端时，便会造成主体的行为障碍和心理障碍。一般来说，常见的焦虑与压力有关，往往是一过性的，压力解除之后便会消失，时间不会持续太久。但焦虑障碍则不同，能持续 6 个月以上。不过，焦虑程度的多与少，也并不完全取决于持续时间，儿童的焦虑时长就比较短，但儿童时期的焦虑障碍如果没有得到妥善、适时的治疗，就会发展和延续。从性别上来看，女性的焦虑比男性发生得更频繁。[《精神障碍诊断与统计手册》（DSM）第五版，2016，181]

焦虑也分为不同的类别，如分离焦虑、社交焦虑、广泛性焦虑等。分离焦虑表现为主体害怕与其依恋对象分离开来，当与其依恋对象分离，或即将分离时，主体会体验到相应的躯体性症状（例如，头疼、胃疼、恶心、呕吐）。[《精神障碍诊断与统计手册》（DSM）第五版，2016，183]社交焦虑表现为对社交情境（如交谈、聚餐）和被他人审视的各种可能性的回避，害怕自己遭受到负面评价或冒犯到别人。广泛性焦虑则会发生在各种情境，主体也会常常体验到不安、专注力缺乏、肌肉紧张和睡眠障碍等，甚至影响到进一步的社交、生活和工作。

上述焦虑种类中，特别值得关注的是广泛性焦虑。《精神障碍诊断与统计手册》（DSM）第五版对广泛性焦虑的基本特征做出了如下概括：

> 广泛性焦虑障碍的基本特征是对于诸多事件或活动产生过度的焦虑和担心（焦虑性期待）。紧张度、持续时间或焦虑和担心出现的频率都与现实可能性或预期事件的冲击不成比例。个体发觉很难控制担心的情绪，难以令担心的想法不打搅注意力，无法专注于手头上的任务。有广泛性焦虑障碍的成年人经常担心常规的生活情况，例如，可能的工作责任、健康状况和财务账目、家庭成员的健康、担心不幸的事儿会

发生在孩子身上，或一些很小的事情（例如，做家务或约会迟到）。有广泛性焦虑障碍的儿童倾向于过分担心他们的能力或表现的水准。在这个障碍的病程中，担心的焦点会在不同主题之间迁移。[《精神障碍诊断与统计手册》（DSM）第五版，2016，215]

相比一般的焦虑障碍，广泛性焦虑的持续时间更长，担心的感觉更加泛化，整个体验也更加不好。证据显示，对于不同地域、不同年龄的人来说，广泛性焦虑出现的概率有所差异。比如，欧洲人后裔相比非欧洲人后裔、发达国家个体相比发展中国家个体，经历广泛性焦虑障碍的可能性更大。相比身体健康的人，残疾人也更易出现广泛性焦虑。[《精神障碍诊断与统计手册》（DSM）第五版，2016，216]总的来说，广泛性焦虑个体往往体现出过度担心和广泛的担忧，也更容易出现烦躁、紧张、易于疲劳等特征。

广泛性焦虑也被弗洛伊德叫作漂浮焦虑或浮动焦虑（free-floating anxiety）。他发现，对于某些焦虑主体而言，有一种如漂浮般的焦虑，这种焦虑无处不在，十分普遍，直接造成了个体时时惧怕可能灾难的悲观状态。而且，这种焦虑本身成为一种常态，可以附着于任何想法之上。在弗洛伊德看来，漂浮焦虑或浮动焦虑与涉及特定对象的焦虑之间也是相互独立的，其中一种不会演变为另一种。（弗洛伊德，2016，321—322，323；2018a，65）由此可见，广泛性焦虑的发生频率高，也并不局限于针对某个或某些特定的对象，是一种泛化的焦虑感。

上述这些不同类别的焦虑其统一特征是过高估计风险，以至于实际威胁和设想中的威胁不匹配，甚至差别巨大。也就是说，这些焦虑个体对威胁和风险的估计与实际情况不符。确实，当我们感到焦虑时，往往会感觉到有可能的潜在的危险或威胁及可能发生的不幸，但由于实际的危险或不幸并未真正发生，或者对于威胁的位置无法确定，我们会因为担忧其可能发生而感到不安、恐惧、担忧和紧张，与此伴随的是身体的相应变化（如肠胃不适、神经紧绷、心跳加速、震颤、抽搐等）或者躯体症状（出汗、恶心、腹泻等）。焦虑使得主体不能确定威胁是否消失，且焦虑会不断重复，使得主体难以放松。

在人类生活中，易触发焦虑的情境有不少。一个激烈的竞争环境（如高考）、一个你无法完全掌控的未来（如求职），都有可能让你感到焦虑。应该说，焦虑是在面临可能威胁（而非客观已存在的威胁）和不确定性时，我们容易产生的一种心理上"扭曲的防御机制"，也易引发进一步的行动准备。（刘易斯，哈维兰－琼斯，巴雷特，2015，542）应该说，在这个意义上，焦虑的确有其特别的感觉，因此，照此前的标准（有那种特定的感觉），将其看作现象意识并无不妥。

如果从（临床）表现来看焦虑的对象，一方面，如上述，其对象也许是某个并非实际存在的威胁，但仍有聚焦的大致方向。另一方面，我们也看到，存在广泛性焦虑或漂浮焦虑的情形，在此情形中，焦虑并不聚焦于某个具体对象，而体现为某种泛化的、普遍的焦虑感。而且，有时候，我们会发现，有些人就是拥有焦虑特质或神经质的人格，这些高焦虑特质的人对潜在的威胁更加敏感，更容易紧张。

研究焦虑的著名心理学家格雷（Jeffrey A. Gray）指出，焦虑是一种涉及当下行为抑制的内在心理状态。（Gray，1978，432）根据神经科学和脑科学的相关解释，焦虑涉及外围自主神经系统和外围调节系统（其与健康和疾病有密切关联）的变化，与去甲肾上腺素的激活有关。主流观点认为，大脑中的杏仁核负责情绪的产生、识别和调节，而焦虑的产生与杏仁核受刺激有关。（刘易斯，哈维兰－琼斯，巴雷特，2015，513，520，558）比如，有社交焦虑的人会将特定的对象（如一张愤怒的脸）视为可能的威胁而产生强烈的杏仁核反应。（施塔、卡拉特，2015，164）目前针对焦虑的药物有百忧解等。这些药物尽管有一定的效果，但可能"无法触及导致抑郁和焦虑的潜在原因"，也会有抑制性欲等不良影响。（巴斯，2020，447）这些都促使我们思考，也许我们应该围绕焦虑这样一个心理状态本身，去发现其更多的特征，并在此过程中，寻求对于焦虑在心理层面上的缓解策略。

一般认为，焦虑可能是不同方面的因素引发的。不合理的认知、一些躯体疾病（如甲亢等）、遗传因素、压力[①]都被认为可能导致焦虑。这些方面的解释都有一定的参考价值。不过，我们也应该看到，虽然焦虑的发生与生理机制有密切关联，但心理自身也是存在机制的。这也许能帮助我们更好地理解焦虑。

另外，也许有人认为，焦虑者总会有相应的行为表现，比如局促不安、不断地看表、来回走步等，我们可以依此来识别其是否处于焦虑之中。但是，与疼痛等身体感觉类似，仅从外部表现来评判焦虑情绪是否真正出现，也容易出现偏差。因为，一个人可以假装疼痛，也就可以假装焦虑。所以，尽管焦虑常伴随一些外部表现，但这些外部表现和行为并非我们评判焦虑是否出现的可靠标准。

三　焦虑的表征论

焦虑的表征论者认为，焦虑是一种表征。我们已经知道，强

---

① 前面也已提到，压力自身不是一种情绪，但其与情绪关系密切，因其往往涉及身体对外界的适应性、改变性的反应。

表征主义认为，所有的现象意识——包括身体感觉、知觉、情感和情绪等——都是表征，其各自的现象特征即为相应的表征内容。（Tye，1995）焦虑作为情绪的一种，也被看作表征尤其是感觉表征（sensory representation）。

　　塔艾的相关论证如下。（1）情绪是一种对于身体物理变化的表征，并对身体原有平衡状态的打破进行反应且产生特定行为。（2）焦虑作为一种情绪，也是一种对于特定身体物理变化的表征，并对身体原有平衡状态的打破进行反应，且导致主体焦虑地行事。（Tye，1995，129–130）尽管对于焦虑的表征内容是什么，塔艾并未再进一步说明。但按照对待身体感觉的情况来看，基本上，其倾向于通过经验的透明性原则将相应的表征对象（这里即为身体的某种物理变化或失衡状态）作为相应的表征内容。之后的表征论者表现出了些许差异。如有学者将情绪看作表征了意向对象的特殊的感情性质（affective qualities），（Mendelovici，2014，135）从而与塔艾等在情绪（包括焦虑）的表征内容方面出现了分歧。如前文所述，焦虑的表征论也可在心理学中找到一定的支持。类似观点接近塔艾的思路，即认为焦虑意味着身体原本平衡状态的打破。

　　对此，现有的相关反对意见分为：（1）焦虑等情绪并非表征性的（或意向性的）；（2）即便焦虑等情绪是表征，其表征内容也并非其现象特征，因其现象特征超出了表征内容。（Searle，1983；Kind，2014）本书中，我会主要聚焦于反驳强表征主义的第一种思路，探讨焦虑是否属于心理意义上的表征。

四　焦虑是表征吗

　　在了解了有关焦虑的一些基本特征、表现和机制之后，我们来分析一下焦虑是否表征。我将主要从"焦虑是否有指向性"和"焦虑是否有类同于表征内容的心理内容"两个方面来展开讨论。在已有反驳的基础上，我认为，（1）表征的最宽松标准是具有"指向性"。焦虑有时似乎具有指向性，但并不必然具备指向性。（2）表征一般包括特定的表征内容，焦虑并不具备表征意义上的心理内容，即便勉强对其所伴随的心理状态进行分析，所得"内容"与标准意义上的、呈现或试图呈现事物及其客观性质的心理表征如知觉等表征内容也并不类同。此外，基于情绪心理学的相关理论，作为负面情绪的焦虑与主体及其选择和认知水平有较大关联。因此，焦虑不应被看作表征，但仍属与主体相关度极高的现象意识。

（一）焦虑有指向性吗

根据前文所述，表征最宽松自由的标准应该是指向性。那么，按照这一标准来看，焦虑是否具备指向性呢？塞尔（John R. Searle）认为，相比信念等，焦虑是无指向的（undirected），因此不是意向性的心理状态。（Searle, 1983, 1）坎德（Amy Kind）认为，也许焦虑等情绪有时是意向性的，有时是非意向性的，但她止步于此，没有再做出进一步评论。（Kind, 2014, 124）也有心理学家认为，焦虑等情绪或心境是不具有指向性的。这种观点认为，焦虑并不指向某个客体，没有指向对象。而且持续时间长。（斯奈德、洛佩斯, 2013, 116；傅小兰, 2016, 58）或者说，他们认为，焦虑是更加弥散的，并不与特定目标相关联。

在我看来，从焦虑这种现象来分析，焦虑似乎有时具有指向性，有时则不具备指向性。这意味着，其并不必然具有指向性，所以在最宽松的意义上，焦虑也不能算作表征。

当我们感到焦虑时，有时候会感到那种焦虑感指向了特定的某个事物、对象或事情。比如，当一次面试结果尚未出来，你感到焦虑，你的焦虑指向的是那个悬而未决的（你可能会落选的）面试结果；当参加运动会时，你的竞争对手是一个运动健将，你感到焦虑，你的焦虑也许指向的是那个运动健将（以及他或她在比赛中会占上风的可能性）；当别的孩子参加了课外辅导而你的孩子没有参加课外辅导时，你感到焦虑，你的焦虑或许指向了你孩子（也许会失败）的未来……可见，有时候，当焦虑发生时，似乎有所指向，或者似乎试图在指向某物，尽管这里的指向对象并不一定实际存在。

　　然而，有时候，对于某些人来说，焦虑感似乎并没有具体的指向性。他仅仅只是感到焦虑而已。广泛性焦虑症患者总是感到焦虑，但这种焦虑并不聚焦于某个明确对象。也许有人会辩解说，这种焦虑指向了一切，或者指向了整个世界。但指向一切或者指向整个世界意味着什么呢？这种所谓指向性至多是微不足道的（trivial），实际上就是无所指向。

　　那么，是否焦虑指向的是主体自身呢？或者说，按照有些表征论者（如塔艾）的看法，其也许是指向主体自己的身体状态变化？确实，我们在感到焦虑时伴随有相应的身体表现。但是，这并不意味着焦虑就是指向主体自身的，也不意味着其因此而具有必然的指向性。大致看来，焦虑有时体现出来的指向性似乎更多地指向外界。

　　因此，焦虑有时似乎有指向性，有时又不具备指向性。时有时无的指向性不具备必然性，而表征必须总是具备指向性。所以，焦虑还称不上满足了表征最宽松自由的标准。

（二）焦虑和标准意义上的心理表征之对比

　　我们前面已经提到过，心理意义上的表征大约有这样几个特点。（1）表征有表征状态和表征内容。（2）表征内容有真实和非真之分。（3）存在衡量表征真实与否的真实性条件（一般为相应的表征内容）。（4）表征也具备相当的认知功能，即往往是在呈现（或试图呈现）事物（尤其是外部事物）及其客观性质。许多心理种类都可被归为表征，如知觉、信念、欲望、想象等。那么，据此来看，焦虑是否具备相应的、可错的表征内容？又是否具有类似的认知功能呢？我们主要聚焦于焦虑是否有心理内容来展开分析。

1. 焦虑有心理内容吗

是否具备特定的心理内容，是衡量某种心理状态是不是表征的一个重要标准。那么，焦虑有心理内容吗？尽管焦虑或许有时有指向性，可这并不意味着焦虑包含特定的心理内容。直觉上，焦虑只是一种感觉，在体验这种感觉时，我们并不会有心理内容，尤其是明确的心理内容。不过，人（尤其是成人）很复杂，人的复杂性也带来了心灵现象的复杂性。比如，当我们感到焦虑时，有时候会伴随有信念、欲望等。这些心理状态是有内容的，如"这个工作很难做""我想要变得更美"，等等。但是，这些信念、欲望等似乎可以与焦虑相分离。比如，我相信"这个工作很难做"，但我也可以不焦虑。在产生欲望"我想要变得更美"时，我仍然可以不焦虑。可见，这些心理内容应更恰切地归为思想、信念或欲望表征，而非焦虑这种有特定感觉的情绪。

2. 假设焦虑有心理内容，那么其是否与标准意义上的心理表征之内容类同

如果勉强要谈论焦虑时的心理内容，那么焦虑时可能的心理内容是什么呢？从焦虑的表征论出发，大致有两种思路。

一是身体出现某种物理变化。

二是 X 是令人焦虑的。

前一种思路的问题在于：第一，我们在感到焦虑时并不会特

别关注身体的状态变化，而是更指向外在事物；第二，相同或十分相近的身体变化（尤其是我们有时能觉察到的脏器感觉）可能对应不同的情绪（甚至情感）种类。比如，心慌气短、坐立不安可能既对应恐惧也对应焦虑（更不必说这二者在心理学中也常常被放在一起研究）。而且，所谓身体物理变化，本身也并不一定好定义。其是指主体的那种感受，如心脏跳动、坐立不安，还是指那种内脏器官、神经网络的变化？不过，这其中的哪一种，其实都存在我们所说的那种无法一一对应的问题。因此，这种思路我们不予进一步考虑。

后一种思路看上去似乎更合理些。但由于焦虑本身是一种经验感觉，也由于我们需要将其与命题化的表征（如信念、思考等）做一些区别，所以，采取如下类命题而非命题性的形式也许更合适："X 令人焦虑的"（"X worrying"）或者"X 令我焦虑的"（"X worrying to me"）。其中，X 有指示性（demonstrative），且可以指外在的某个物体、事件等。出于与标准的表征内容接近程度（更加具有公共性和客观性）的考虑，我们将"X 令人焦虑的"作为首选，将"X 令我焦虑的"作为备选。虽然我们以前在讨论疼痛是否为表征的问题时，指出从疼痛与知觉不相类似的路径，不能自然地得出疼痛不是表征。但在此处，我们在探讨焦虑是否表征这一问题时，尤其是考察其所谓表征内容是否适当时，需要与标准意义上的表征内容做对比。为了兼容动物和婴儿缺乏概念能力的情况，并寻找到焦虑那种特定感觉的最核心特征，这里主要参考知觉这种能力，因为缺乏概念能力的动物和婴儿也具备知觉。此处将焦虑和知觉做对比，并非在笼统意义上对比二者，而仅仅将焦虑所可能具备的"表征内容"与标准意义上的知觉的表征内容进行对比，去分析焦虑是否具备此种形式的表征内容。如焦虑类似于知觉的表征内容，则其更可能是表征，反之则不然。

下面的分析显示，焦虑并非如此。

（a）从内容的关涉对象来看，焦虑时的"心理内容"与知觉表征的内容不类同。

就感觉这一大类而言，我们可以将知觉中的类命题式的心理内容与上述"内容"相比较。试比较"<u>这次考试</u>令人焦虑的"与知觉表征"<u>那个盒子</u>方形的"。我们发现，从内容的关涉对象来看，如果<u>X</u>（比如<u>X</u>是<u>这次考试</u>）是一个外在对象，那么焦虑的所谓心理内容在这里尽管可能涉及某外物，但对其的所谓"描述"（或"归属"）却与主体自身的感受关系十分密切（"<u>X</u>令我焦虑的"同样如此），而知觉的心理内容则主要侧重外部对象自身的特征。

（b）如果从标准表征的重要认知功能——呈现（或试图呈现）事物的客观性质来看，焦虑的所谓"心理内容"也与之不类同。①

如前所述，表征具有认知功能，这种认知功能体现在表征往往呈现（或试图呈现）事物尤其是外部事物的客观性质，因此也会有真实与非真的情形。比如，"<u>那个盒子</u>方形的"这样的知觉表征内容是在反映（或试图反映）事物的客观性质。如果面前那个盒子确实是方形的，那么这个知觉表征就是真实的，否则就是非真的。"<u>X</u>令人焦虑的"并没有呈现（或试图呈现事物）的客观性质。因为，首先，我们很少会将"令人焦虑的"看作任何一个事物的客观性质。其次，这里的内容更多地涉及 X 所引发的主体内部的焦虑感。某事是否在客观上是令人焦虑的，我们并不能

————————

① 前面提到，有一种（自反的）祈使主义认为，我们在感觉到疼痛或愉悦时，会有"多一点这种感觉（如愉悦）！"或"少一点这种感觉（如疼痛）！"这样的祈使性内容（imperative content）。（Barlassina & Hayward, 2019）延续这种观点，当我们感觉到焦虑时，应该会有"少一点焦虑！"这样的祈使性内容。即使这种看法是对的，这种内容也难以称得上是那种带有认知性、反映事物客观性质的表征性内容。

确定。有的人也许会因其感到焦虑，有的人则不然。① 例如，X如果是这次考试，那么有的考生感到焦虑而有的不然，我们就无法对这次考试是不是令人焦虑的做出判断。进一步，我们既不能说"这次考试令人焦虑的"是真实表征，也不能说"这次考试令人焦虑的"是非真表征。所以，这里的"内容"不能呈现（甚至试图呈现）这次考试的客观性质。

但是，也许有人会质疑说，类似的情况似乎也会出现在知觉表征中。比如，"这个蛋糕尝起来好吃""这首曲子听起来好听"难道不是同样依赖主体的感受？难道我们会因此而说它们由于无法呈现（或试图呈现）事物的客观性质而不是表征吗？对此，我想说，知觉表征及其内容的正确打开方式应该是这样的："这个蛋糕尝起来甜""这首曲子听起来悠扬"，等等。鉴于知觉的模式包括味觉、听觉、视觉等模式，"好吃"、"好听"以及"好看"这种已经带有评判性质的内容，并不会出现在知觉表征内容中，而更多地是一种主体的主观评价性（往往是概念性、思想性）的内容。在这个意义上，知觉表征仍然具有其依客观情况而可评价的心理内容，也会至少试图呈现事物的客观性质。焦虑的这种所谓"表征内容"，则不具备这种性质。

不过，如果我们说"X令人焦虑的"无法呈现事物的客观性质，那么也就意味着其命题化的形式"X是令人焦虑的"也无法呈现事物的客观性质。这是否一方面使得我对表征的认知功能的界定过于严格，一方面使得更多其他的命题（如一些伦理学命题、美学命题和涉及主观判断的命题）也被排除在表征之外而不具备认知性甚至无法构成知识？我想，尽管我们对道德和美的理解千差万别，但至少针对某些事情，我们的评价不会有太大差

---

① 当然存在这样逻辑上的可能，即所有的人都真的因为某事焦虑。但我们几乎找不到相应的经验证据。

异，因而对它们的判断依然是具有客观性的。比如，一个外表十分出众的美女，至少你不会说她丑；一个抢劫杀害无辜对象的罪犯，至少你不会说他做的事情在道德上是对的。但某件事是否令人焦虑，却往往会并存"感到焦虑"和"不感到焦虑"这样两种经常性的、两种相反的可能性。

如果即使这样，依然使得我对于"X 令人焦虑的"的理解存在风险的话，那么我们来尝试后备计划"X 令我焦虑的"这种形式的"内容"。但看上去，这种形式的所谓焦虑的"内容"也并不比首选"内容"具备更多的合理性。主要原因在于，这种"内容"不具备表征内容所具备的那种可错性。因为，当我感到焦虑时，我已经感到焦虑了，"X 令我焦虑的"永不会有错误的可能性，这也就意味着它不具备表征内容应有的可错性。

应该说，焦虑并不一定与认知无关，其可能是认知引发的结果，但其本身却不具备认知功能。在成人的情形中，焦虑感处在更加复杂的状态当中，其有时伴随着一些认知判断，有时在认知判断之前或之后出现，这都使得我们容易将焦虑感看作带有认知特征的。但是，根据上述的分析，我们发现，焦虑并不具备反映或试图反映外界客观事物的那种性质，因此其不具备认知特征。而且，通过将其所可能具备的"表征内容"与知觉意义上的表征内容做对比，我们也分离出了焦虑最原初、最核心的特征。

（c）对于不同认知能力的主体来说，焦虑时是否会出现所谓"心理内容"也不确定。

尽管上述讨论中，焦虑的所谓"心理内容"并不与标准意义上的心理表征内容类同。但即使是这样的"心理内容"，其是否出现也依赖于主体的认知能力水平。对于理性的主体（这里暂且将其定义为：有较为清醒的反思能力、有较强自我认知的主体）而言，焦虑感也许伴随着上述所谓"心理内容"；而对于不太理性的主体而言，可能有时会出现"X 令人焦虑的"这种心理内容，有时只是感到心烦意乱或有不确定感而已；对于非理性的主体而言，其焦虑可能更加难以界定和不清晰。

综上来看，焦虑既没有必然的指向性，也谈不上有必然的、与标准表征内容类同的心理内容。因此，焦虑不应被理解为表征。

五　几种值得注意的情绪理论以及焦虑

在谈论焦虑或不焦虑，尤其是如何控制焦虑时，谁属于更合适的研究对象呢？近年来，哲学界在研究心灵时，会关注婴儿（及其他动物）的心灵，以期获得一些对心灵现象的普遍特征的理解。但涉及较为复杂、更为高级的心灵状态，我们仍然应该以成年人为主。而就焦虑等情绪而言，我们或可更加窄化群体，尝试以中老年作为观察对象。

理由有二。第一，从现有的对于儿童情绪的研究来看，有一种影响较大的情绪分化理论（differential theory）认为，婴儿的情绪还远未达到种类繁多的地步，而可能仅仅有快乐和痛苦两种情绪，一种为正面情绪，一种为负面情绪。随着年龄的增长，情绪才逐渐由这两种情绪分化为更多的正面和负面情绪类型。第二，中老年群体有更多经历和体验，情绪的复杂性和成熟度更高，不仅相比婴儿，相比儿童和青少年，都是更合适的情绪研究人选。

正是在针对中老年群体（以及老化）的研究中，有几种理论引起了我的注意。

1. 优化和选择性理论。人在逐渐成年到老年的过程中，对情绪的掌控和调节会更加纯熟，会朝着"情感优化"（affective-optimization）的目标前进。随着年龄增长，他们自我规制的技能（self-regulatory skill）也会越来越强，（Lawton，2001，120）且会寻求和建立特定的外部社会环境，从而避免情绪起伏和冲突。在人生的中后段，人的各种动机的先后顺序会发生与先前相比的一些变化。成年人会将情绪目标（尤其是扩大正面情绪）作为优先目标，而把获取信息等目标排后。在此过程中，成年人会逐渐收窄社交网络，以避免产生内耗的负面情绪和冲突。（Carstensen，1992，331；刘易斯，哈维兰－琼斯，巴雷特，2015，292，293）不仅如此，年龄增长之后，人们会借助已有的技能和经验去补偿不足的地方，这也会促进成功老化（successful aging）（Baltes & Baltes，1990，4，15）

2. 认知—情感发展理论。这一理论的代表人物是拉伯维－维夫（Gisela Labouvie-Vief）。拉伯维－维夫认为，随着个体的发展，有两个方面会发生变化。第一，不再将习俗和既有的行为准则看作绝对的，而是受背景约束的、相对的，因此，随着年龄的增加，成年人会在心理上逐渐摆脱符合习俗的导向。第二，更多地关注自我和自主，成年人对自我的探索和关注会增加，向内的追寻和对自我认知的能力对处理情绪问题以及人际关系问题来说尤有帮助。（Labouvie-Vief，2015，126）在这两个方面的变化中，个体情绪的复杂性会加深，自我调节的能力也会增强，情绪的成熟度会越来越高。（刘易斯，哈维兰－琼斯，巴雷特，2015，294）

如果这两种理论具有参考价值，那么，再回到焦虑这种特定情绪时，我想，焦虑除了是一种主体感受之外，还与主体自身的选择（如特定的社会环境）与自我认知有关。当我们处理情绪更加成熟时，也可能意味着我们选择了较少触发焦虑的社交网络，或者意味着我们对自己的认知和探索加深了，以至于能够超越一定的习俗标准来看问题。更重要的是，我们应该了解到，是否焦虑实际上可以被我们所控制，而这里的控制，指的是相对自然的、自上而下的主体对自身心理状态的控制。这种控制并不是主动去压抑焦虑感，因为此前我们已经提到，压抑负面情绪会导致进一步的身心问题。此外，转移注意力、认知重评策略①、锻炼身体、书写日记等，也都是可参考的缓解焦虑等负面情绪的方式。

本章小结

从上述分析中我们可以看到，焦虑的出现意味着特定的感觉，这种感觉和兴奋、悲伤等都不同，因此有其独具一格的特点。将焦虑这种情绪作为我们所定义的现象意识之一，看起来并没有太大异议。然而，如果要更进一步，认为焦虑可以是表征，则是有问题的。因为焦虑既不满足表征最宽松自由的标准，也不包含标准意义上的、具有对事物及其性质进行客观认知功能的心理内容。实际上，我们说焦虑等负面情绪不带有认知特征，也并不意味着，正面情绪就具有认知方面。比如，快乐的情绪也未必意味着主体客观地反映了外界环境（因为要么并没有什么特别值得快乐的原因，要么也许有一些糟糕的事情发生但主体依然能够保持快乐），而只是主体的一种舒适、愉悦的心理状态。无论如何，作为一种主体感受的焦虑，恰因其与主体自身相关度更大，我们对它的控制并非没有可能。结合心理学的相关理论，我们看到，焦虑是依赖主体自身（包括主体的选择、自我认知、自我控制）的一种现象意识。

---

① 采用认知重评策略，并不意味着我们承认焦虑本身是带有认知内涵的。因为，焦虑虽然不包含有认知特征，但是其既可以被认知所引发，也可以引发一定的认知。

第七章

抑　郁

一　抑郁的感觉及其表现

抑郁也是一种负面情绪。抑郁在现代社会同样有多发的态势，其极端表现即为抑郁症。几乎每个人或多或少都经历过抑郁。当我们遇到困难和挫折，或者没有达到自己或他人的期望，都有可能感到抑郁。抑郁的感觉同样不好。当个体感到抑郁时，会体会到情绪低落、沮丧、痛苦、失去希望等心情。抑郁的情绪会影响人的正常行为，会让人不愿做事，不愿社交，不愿行动。

心理学家们这样谈论抑郁：

> 抑郁被形容为"心理病理中的普通感冒"，因为它发作频繁，也因为几乎人人都在一生的某些时间或多或少地体验过。每个人都可能曾经历过丧失亲人或朋友的悲哀，或者因没有达到想要达到的目标而沮丧。这些悲哀的情绪只是重度抑郁症（major depressive disorder）患者所体验症状中的一种。（格里格，津巴多，2016，476）

作为一种心理障碍，抑郁症要比一般的抑郁情绪更严重。从主观感觉来看，除了感到低落和沮丧，抑郁症者还会感觉到明显的空虚、意义缺失、悲哀、丧失兴趣、行动力受阻、无能感、绝望感、不开心或缺乏愉悦感、疲惫、迟滞、精力不济、注意力不集中、挫败感、记忆障碍、意志力消沉、有自杀意念、低自尊感、无价值感、受剥夺感、失败感、内疚感、倾向于逃避和回避现实世界，等等。这些都超出了常见的情绪低落状态。从面部表情来看，抑郁者也可能变得目光呆滞，说话、走路等变得缓慢，音量变低、变得沉默等。从具体行为来看，抑郁个体可能会表现为无法静坐，会来回踱步，会摩擦和拉扯衣服等，也会出现食欲和体重变化。抑郁者也常常容易感到身体上的倦怠，哪怕其并未进行剧烈运动或强体力劳动。此外，睡眠障碍或者失眠、自杀倾向等也会困扰抑郁者。有时候，对于抑郁者来说，即使最简单的日常事务（如穿衣服、洗漱等）都变得十分困难，需要个体付出巨大的努力才能完成。这些都会让抑郁者面临极大的心理挑战，这些挑战有时甚至会把个体压垮。职场人士在遭遇抑郁之后，会出现更多的工作失误，沟通困难等情况；而学生在遭遇抑郁之后，常常会失去学习的欲望，导致成绩下滑等。可以说，抑郁尤其是抑郁症，不但会让主体感觉不好，也会成为正常生活的障碍。

值得关注的是，对于抑郁主体来说，认知上会出现明显的偏差，主要表现为自我评价过低和较低的自我价值感。比如，认为"这个世界不美好""人生不值得过""我死了会让这个世界变得更好"等。一些抑郁个体经常对中性事件进行误读，尤其是会将中性事件理解为他人对自己的负面评价。与此同时，他们常常选择性地夸大一些错误并进行不符合逻辑的推断和过度解读。抑郁者常把小的失败和困难放大化，并进行反刍式思考（如不断地想起失败的事件从而使自己不愉快）。他们也常对自身能力和价值进行主观上过低的评价，即使其实际上并没有那么差。比如，一位有钱人依然觉得自己很穷，一位出色的大学教授也许觉得自己在专业领域做得一点都不好，一个相当优秀的学生可能觉得自己是一个彻头彻尾的失败者。不仅如此，他们可能同时认为别人也在嘲讽、耻笑、挖苦、批评和贬损自己。

抑郁和悲伤不同。虽然抑郁和悲伤都有难过的感受，且抑郁者也更容易感到悲伤，但二者仍存在差异。在感到悲伤（如失去至亲）时，个体也会低落、难过，但这并不一定会导致自我评价低，可是抑郁就不同了，会带来更多的自我贬低等。当然，悲伤有时也会引起抑郁，尤其是持续的悲伤。比如，儿童时期失去亲人的人在长大后也会更容易抑郁。无论怎样，经历失去（亲人、工作）或重大的打击性事件（如重大的自然灾害等），会使得有些人长久地沉浸于悲伤最终抑郁。相比悲伤，抑郁则可能持续时间更久，持续性的抑郁障碍发生时，"成年人的心境紊乱持续至少 2 年，儿童持续至少 1 年"。［《精神障碍诊断与统计手册》（DSM）第五版，2016，149］抑郁障碍出现时，主体几乎每天都会感到抑郁。

尽管抑郁是一种主体的主观感受，但对抑郁的识别，仍存在不同的可参考模式。首先，是以主体自身的主观感受为主，而这种识别方式，也有赖于主体自身的觉察。比如，感到抑郁（尤其是比较严重的抑郁）时，个体会在很多时间里感到痛苦和压抑，主体甚至会感觉到身体出现诸多不适。这些感受方面的特征，是主体所能够察觉到的。其次，便是他人的观察。来自他者的观察可以在主体感受的基础上进一步帮助个体识别和确定抑郁状态。有时候，虽然个体能够感觉到自身状态不佳，并感觉到长时间的低落，但其依然可能否认自己处在抑郁状态。所以，此时就需要他人的观察在一定程度上介入。确实有很多迹象能够从侧面反映一些问题，从而帮助我们识别他人（也包括自己）的抑郁状态。比如，主体从前十分感兴趣并且享受的某项事情，如今却不再表示任何兴趣；或者，曾经喜欢社交并喜欢与朋友做伴的主体，当下则不愿出门，也不愿再见自己的老朋友，甚至对别人的正常关心感到不适。这些都可以作为我们猜测某一主体是否具有抑郁倾向的参考。最后，问卷调查或者心理测验也能够起到一定的作用。贝克抑郁量表等问卷测验，是在科学统计的基础之上制定的一些标准，主要用来对照帮助识别抑郁个体，从而分析某个主体是否有相应的抑郁症状。

不过，虽然抑郁者也总会有相应的行为表现，如长久的沉默、不愿社交、不愿进行日常活动等，我们从第三方的角度可以以此作为参考来看其是否处于抑郁之中。但是，与疼痛等身体感觉和焦虑情绪类似，仅从外部表现来评判抑郁情绪是否真正出现也并不真正可靠。因为，一个人也可以假装抑郁。不但如此，一个人也可以在心理测验或问卷调查中说谎。所以，尽管抑郁也常伴随一些外部表现，且问卷调查和心理测验等可以作为辅助手段，但特定的主观感受仍然是抑郁最核心的评判标准。

二　抑郁的相关机制

与焦虑类似，关于抑郁，也存在经验意义上的可能相关机制。这其中涉及大脑等不同身体部位或器官的特定功能，或者涉及神经生理系统中的特定方面，以及其他心理状态或心理能力的相关表现。目前看来，抑郁与神经系统、脑结构、分子生物学等都有关系。研究显示，"下丘脑—垂体—肾上腺轴的过度活动"、"神经营养因子和促炎性细胞因子的遗传变异"、"特定神经系统的功能异常"（涉及情绪处理和调节的神经系统）、"许多脑部区域"（例如，前额叶皮层、前扣带回、杏仁核、海马回）等都不同程度地与各类型的抑郁有关。[《精神障碍诊断与统计手册》（DSM）

第五版，2016，158，164］丘脑和下丘脑、内分泌系统也与抑郁有关。（傅小兰，2016，433—434）而"包含促肾上腺皮质激素释放因子（CFR）的神经回路已经被认定为一种重要的压力—反应媒介物。……以促肾上腺皮质激素为媒介的压力—反应机制中产生持久的变化，并大大提高具有相应遗传素质的人群发生抑郁的风险"。（贝克、奥尔福德，2014，238）也有研究认为，重度抑郁患者会有工作记忆（working memory）方面的问题。（马特林，2016，46）此外，抑郁也与奖赏的去敏感化有关。这意味着，"脑中负责调节奖赏的多巴胺回路可能存在紊乱"。（施塔、卡拉特，2015，337）个体在感到抑郁时，其多巴胺的代谢水平会降低。而且，即便其伏隔核区域的奖赏回路与正常被试相似，但对于主体而言，寻求奖赏或者尝试获取奖赏，也会在主体看来更具风险性或不确定性。这会导致，为了避免可能的风险，主体不愿或回避对奖赏的渴求。抑郁的过程有时也会伴随着植物神经功能等方面的变化。严重的抑郁障碍，甚至会导致失能及自理能力缺失。总体上讲，抑郁障碍的个体会报告更多的疼痛和身体上的疾病。相应地，三环类抗抑郁药物等也会对抑郁症患者显现一定的效果，尽管其往往带有副作用以及安慰剂效应。

抑郁障碍也有遗传因素的影响。一般来说，家族（如上一代直系亲属）中，如果有人有抑郁症状或者有过抑郁症状，那么，后代变得抑郁并患抑郁症的概率也会因此而提高。在遗传学意义上，抑郁存在一些易感基因，如"5-羟色胺转运体基因"等。（施塔、卡拉特，2015，335）这大概也是为什么有些人并未遇到压力性事件或重大不幸，但却依然出现了抑郁症状。

在现实情况中，5-羟色胺与抑郁的关联也确实得到了不少证据的支持。不仅如此，不同的神经系统状态、相关物质的多寡，也与不同类型的抑郁有一定关系。多巴胺、去甲肾上腺素不足等，这些情况似乎与那种"奖赏的去敏感化"，或者"快感缺失"有较强的关联，这会表现为主体的"不快乐"（但也不一定是真正的难过，而只是难以快乐）的抑郁状态；而 5 - 羟色胺不足的话，则与某种强烈的悲伤感有关，从而表现为"难过、伤心、低落"等特征的那种抑郁。可见，抑郁也有更加细分的种类，其要么表现为难以快乐，要么表现为一直悲伤。除此之外，抑郁的感觉也有可能因不同的个体而存在一定的差异，个体要么更多地体会到孤独和孤单，要么更多地体会到失败和气馁等。

对抑郁的不同理论解释也从不同角度出发。心理动力学认为，如果个体在童年时期遭受虐待或缺乏足够的母爱，在成长过程中，这些因素被压抑之后，成年时期再遭遇丧失等重大事件，便会开始出现敌意，并将这种敌意指向自身。行为主义认为，分离等重要的生活变故等经历发生之后，如果得不到相应的积极强化，就会引发抑郁。认知学派认为，消极的思维方式使得抑郁者难以对自己给出积极评价，童年受到过多指责的人会逐渐认为自己没有优点，也容易抑郁。进化理论认为，抑郁类同于焦虑，是早期人类适应环境的一种体现。人际关系理论则认为，人际关系破裂是关键因素，其会影响或触发抑郁。

从儿童到青少年，从中年到老年，每一个人生阶段都有可能出现抑郁状态。青年群体比老年群体更易出现抑郁症状。笼统地看，男性和女性在抑郁发作方面没有什么明显差异，也许女性的表现是自杀性企图更多，尽管这种企图真正导致死亡的风险相对反而更低。不过也有学者认为，女性更容易抑郁。原因也许在于，女性更容易具有反刍性思维，即常常回顾和想起发生过的令其不快的事件。相对而言，男性则着重于建立更高的操纵感和控制感，并会尽可能地转移注意力。（Nolen-Hoeksema, Larson & Grayson，1999；塞利格曼，2020b，128；塞利格曼，2021，108—

109）再有，消极和神经质的气质、特定药物、重大疾病、物质滥用、身体残疾等因素，也都会促使抑郁的发生。不过，这些因素只是容易导致抑郁发生，并非必然会导致抑郁出现。比如，有些身体有残疾的个体，其心理状况十分健康良好，并未出现什么抑郁情况。一些特定的情况和遭遇，也可能引发抑郁。比如，职场失意、被所爱之人抛弃、受到严重的霸凌、连续的人生打击，等等。不过，这些特定情况也并不一定必然导致抑郁。有的人复原力较好，会在经历这些遭遇之后，依然保持较好的心理状态。此外，反过来看，抑郁也容易导致主体的一些其他不良状态。比如，酒精依赖、进食障碍、偏头痛等问题。（施塔、卡拉特，2015，335—336）

从个体的解释风格上看，抑郁包含了悲观的解释风格，而悲观的解释风格容易引起抑郁。比如，一旦遇到挫折、失败或不如意，悲观解释风格的个体会认为这完全是自己的原因，从而直接得出"我太笨了"、"我总是无法成功"甚至"我不配活着"之类的信念，也常常伴随有习得性无助（learned helplessness）（Seligman & Maier，1967）。而且，对任何一个微小的失败或轻微的不幸遭遇，主体都会有这种悲观解释风格，这使得个体更容易因此而抑郁。

与焦虑类似，抑郁也有其生存和适应功能。过去的人类在面对复杂、困难和危险的环境中时，适当的抑郁是一种适应的表现。但如今，抑郁的适应性尽管依然存在，但已经越来越弱。（贝克、奥尔福德，2014，202）虽然如此，抑郁在当代还是有一些适应性价值。比如，抑郁能够让人们直接放弃希望不大的事情，也能够阻止盲目的乐观，在一定程度上变得更加冷静和现实，也能够迅速发现许多问题的存在。（塞利格曼，2017，242—243）但是，抑郁仍然是一种不好的体验，而且一旦其过度并发展到抑郁症的层面，对于个体来说会损耗过多不必要的精力，这对于个体的生存和发展仍然是不利的。

　　大部分对抑郁的治疗会采用谈话并配合药物的方式。但在抑郁严重的情况下，有时治疗者也会采用电击治疗或短暂地剥夺睡眠等办法。认知疗法也较为有效。抑郁患者被要求记录自己所经历的事件和自己的感受（写日记），并且被引导尝试对那些事件和经历进行重新解释。治疗师尤其会帮助抑郁者对偏离事实的地方进行解释风格上的调整。（施塔、卡拉特，2015，339）结合药物，这些重新解释的过程会被主体逐渐内化，从而促进主体渐渐转好。学者卡尔也曾指出抑郁的直接应对办法。他说："对于抑郁，要回避让你痛苦的情境，把注意力集中到情境中不令人痛苦的方面，严正请求那些让你痛苦的人改变行为方式，挑战那些悲观主义和完美主义想法，让自己变得活跃一些，寻求社会支持。"（卡尔，2013，196）不过，上面提到的认知疗法虽然对抑郁者有一定帮助，但这并不意味着，认知就是抑郁的核心特征或本质性特征之一。有可能，扭曲的认知或者过低的自我评价引发了抑郁，而非那些评价本身是抑郁的构成性成分。

　　针对抑郁的药物也旨在促进身体内部的愉悦程度。目前来看，抗抑郁药物有利于抑郁症患者的逐渐康复。氟西汀或百忧解能够通过生物化学反应促进 5 - 羟色胺的活性，并让其发挥更长时间的作用。安非它酮则指向多巴胺，从而延长其作用。专家们也发现，近些年来抑郁病逐年高发，可能与我们的生活和工作方式有关。比如，在室内久坐不动，缺少足够户外活动和睡眠。因此，阳光治疗——让患者暴露在阳光下也能够缓解抑郁。有氧运动如慢跑、快走和跳舞，以及规律的（在固定时间的）睡眠，也会有效地对抗和减少抑郁。（施塔、卡拉特，2015，340—341）但如前所述，如果试图压抑抑郁，或者压抑与抑郁有关的想法，则会适得其反。

三　抑郁、认知和表征

　　抑郁的表征论关于抑郁的看法大致与焦虑的表征论类似，即认为抑郁也表征了某些身体内部状态的失衡。我们已经了解过，抑郁在发生时，的确会有身体状态的变化。但是，我们似乎很难得出，抑郁者在感到抑郁时，是在表征自己身体状态的某种具体的变化。一方面，抑郁并没有告诉我们，身体哪里（哪个脑区、多巴胺、5－羟色胺）出现了怎样的失衡。另一方面，抑郁者虽然感到抑郁，但却并不往往在认知层面上反映为身体某处出现了何种状况。抑郁者只是感到抑郁罢了。

　　《抑郁症》作者贝克曾说：

　　　　抑郁症患者频繁地去医疗诊所或者咨询内科医生或家庭医生，提出的一些症状提示其患有躯体性疾病。然而，体格检查没有发现任何身体异常，在其他病例中也会发现患者会有一些微小的身体异常，但其程度轻微，不足以解释病人的不舒服。在进一步的检查中，病人也许会承认有情绪上的改变，但我们一般仍倾向于将其归为躯体症状。（贝克、奥尔福德，2014，13）

　　可见，躯体症状、躯体变化等似乎在解释病人的抑郁感受时并不充分。反之，当我们说，按照表征论的思路，抑郁表征了身体平衡状态的打破，可是，那种身体平衡状态的打破，有时也难以从生理、身体层面被主体或他者所观测到。实际上，按照此前论证焦虑是否表征的路径来看，抑郁也难以被看作表征。

　　首先，抑郁并没有必然的指向性。对于抑郁者来说，虽然有时候，抑郁指向了别人的某句话（如别人说"你的工作没做好"）、发生过的某件事（如你没能成功应聘或者没有完成大学学业）、自身的疾病（如身体受伤之后残疾了），但有时候，没有令抑郁者特别关注的事情，抑郁也并没有显示出明显的具体指向，抑郁只是意味着不开心或者难过低落而已。因此，如果说，表征需要总是具备指向性，那么抑郁似乎并不满足这个标准。

　　其次，我们此前提到过，表征总是有认知维度的，即能够反映或试图反映外部世界的客观状态和客观性质。那么，按此来看，抑郁是不是一种表征呢？这里，抑郁和焦虑稍有不同的地方在于，抑郁的发生的确伴随着许多消极认知（比如，"我确实能力太差了""我的长相太难看了""我的病不会好的"等）。可以说，抑郁者往往会有偏离客观实际的认知。从相关研究证据来看，抑郁者在许多工作记忆方面的表现显著地不如正常被试，可见其在记忆认知方面也出现了障碍。（马特林，2016，57）应该说，抑郁与认知（尤其是扭曲的认知）确实有显著的相关性。

　　而且，从缓解抑郁的疗法来看，我们也已经看到，认知疗法（通过改变抑郁者的悲观解释风格等）也被证明有效果。那么，抑郁是不是包含着认知，且应该从这一角度来将其划归为表征呢？在我看来，表征的认知维度是指，其总是反映或试图反映外部事物的客观状态和性质，而抑郁似乎并未做到这一点。与焦虑类似，这里的抑郁者所伴随的思想内容实际上可以与抑郁感受相分离。比如，我可以说"我的长相太难看了"然后付之一笑，并没有抑郁状态出现；或者，我想到"我确实能力太差了"，然后努力调整和改进，也并不一定伴随抑郁感受。更何况，一些动物研究，已经显示了狗也会抑郁。塞利格曼等曾经通过对狗进行不可躲避的电击实验发现，一些狗会处于某种习得性无助的状态，

且出现动机、情绪和认知方面的缺陷等（Seligman & Maier,
1967）。其实，狗的习得性无助正显示了其处于抑郁状态，但狗
显然并不具有上述的思想内容。所以，从动物的情况来看，至少
概念性的思维过程，并非抑郁的本质性特征。而如果同样以论证
焦虑不是表征的思路来分析抑郁，我们会发现，抑郁不论是包含
"这次面试失败令人抑郁的"，还是包含"这次面试失败令我抑郁
的"这种类命题的内容，其都与知觉的类命题表征内容"那个盒
子方形的"这种形式依然存在很大的差异。最大的差异，就在于
这种我们假定的抑郁的类命题表征内容，并没能反映或正确反映
事物的客观状态。如同某次考试并非对所有人都是焦虑的，面试
失败也不是令所有人抑郁的。因为，不同人所拥有的欲望和满意
标准也许存在很大差异。学者摩根（Seiriol Morgan）曾说："一种
会令一个人不开心的行为，也许对另一个人来说根本就不是什么
事，我们也很难说什么会令谁不开心。"（Morgan，2003a，406）。
所以，心理内容"这次面试失败令人抑郁的"难以反映客观情
况。而当一个抑郁个体抑郁时，其也已然处于抑郁状态当中，所
以心理内容"这次面试失败令我抑郁的"又变成不可错的了，这
也不满足认知性的标准。而且，那种"令我抑郁的"所谓表征内
容当中的归属部分，也并不真正地指向某次面试失败自身的客观
性质，而是体现了与主体感受极为相关的方面。不仅如此，同样
类似于焦虑的是，不同的认知能力也许在抑郁时的心理活动存在
差异。有的认知能力较强的个体也许具有十分清晰的某种思想内
容，而认知能力较弱的个体则可能伴有模糊的某种心理内容，认
知能力更弱的个体可能并不知道自己身上发生了什么，也并不一
定有对于外界或自身的某种扭曲性的认知评价。

　　不过，应该承认的是，抑郁与认知性表征如记忆、想象都可
能有关系，甚至有那种因果性的关系。亦即抑郁和表征可能有引

起或被引起的关系。考虑下面两位病例的情况：

> 有个患者会在从事任何活动前产生很详细的幻想。当患者想到驱车去精神病医师办公室赴约时，她会想象自己在路上转错了弯并且迷路了。当她考虑给朋友打个电话时，她会做无人应答或电话占线的白日梦。当她决定去购物时，她就想象自己会丢钱包或买错东西。当听到门铃声，她会幻想这是报告坏消息的电报或快递信件。（贝克、奥尔福德，2014，217）

> 我曾设法引导一名患有精神性运动障碍以及抑郁症的女性接受职业疗法。当我第一次向她推荐这项活动时，她并没有接受。然后，我建议她可以为她的孙女做一些好看的东西，这样她的孙女会很开心。这时，她变得更有活力，并表达了想要开始这个项目的意愿。带着这样一些活力，她从椅子上起身，突然，她又跌坐回椅子上，表情绝望。当问她为何有此反应时，她告诉我她脑中先后想到了以下这些：一开始，当她想到可以取悦她的孙女时，她体验到一种想要从事这项活动的意愿。接着，她想象着自己可能会把这件事搞得一团糟，然后她勾画出自己感觉羞辱的情景并对自己的失败感到失望。有趣的是，当她有了以上这番想象时，她实际上也真的感受到了羞辱的感觉。一旦她想象出这样一种不利的结果时，她就失去了开始这项活动的欲望并且又回到了椅子上，回到原先那种一动不动的状态。经过进一步询问了解到，她还深深地感受到自己的无用。她觉得自己所做的事情没有一件可能是正确的，没有一件可能给她带来任何满足感。（贝克、奥尔福德，2014，221）

可见，以上述两位抑郁症患者为例，其在未从事活动之前已经想象了许多可能出现的糟糕场景。不过，与一般人的想象不同的是，一般人会仅仅将那些想象到的可怕情景或自己出现差错的状况视为并未实际发生的，甚至（如果乐观的话）会认为那不会真的发生，可对于抑郁症患者而言，那些已经不仅仅是想象当中的差错或失败，他们会将其认为是真实存在的，并因此而感到抑郁，从而不愿意从事那些活动。对于这些抑郁者而言，他们信以为真的并非客观情况，而是脑海中所认定的、最有感染力的观念和理解。

因此，这也是焦虑和抑郁之间的一种差别。虽然二者都会有一定的害怕，但焦虑症患者可能只是会期待伤害（而不认为其已经发生），不同的是，抑郁症患者会认为自己已经实际上被伤害：

> 焦虑症患者的恐惧和抑郁症患者的黑暗前景，其区别大致可以概括如下：焦虑个体关注的是受到（生理上或情感上）伤害的可能性，他们视这种伤害为未来事件。抑郁个体则认为自己已经受到了伤害（被打败、剥夺或抛弃）。他们视未来为当前痛苦的一种延续。令人害怕的事件已经发生，因此也不存在什么预警刺激了。患者预期将来的失败就是今天已经体验到失败的重复。（贝克、奥尔福德，2014，218）

认知疗法的学者会根据扭曲认知与抑郁之间的相关性，进而得出，认知因素本身就是抑郁的一部分。"在患者持续存在抑郁感的中度和重度抑郁症中，关于认知和情感的先后问题可能存在争议。一方面，将抑郁症中的认知因素看成抑郁事件（或临床综合征）的一部分而不是抑郁症的起因，也许再合适不过了。另一方面，对认知与情感的并发关系研究显示出有趣的相关。"（贝克、奥尔福德，2014，219）但在我看来，抑郁的核心特征，就是那种特定的感觉。认知也许能引发那种感觉，但通过之前（包括对动物）的分析，我们发现，并没有充足的理由使我们可以得出，抑郁也是一种认知。因为，认知本身似乎难以覆盖那种抑郁的感觉。完全可能存在主体在心理上有"我感到自己很没用"、"我不能应付这种情况"或者"我一点也不受别人欢迎"等内容，却并不伴随那种抑郁的感觉。所以，如果要从解释抑郁的那种特定感觉的角度出发，我们会看到，认知不能解释也无法对等于那种特定的感觉。显然，存在有（我们设定为抑郁所包含的）某种认知但却没有那种特定感觉的情形。另外，基于抑郁是一种（扭曲）认知的那种认知疗法也并非总是有用。况且，即便其有一定的效果，通过改变个体的歪曲认知从而达到缓解抑郁的效果，也并不能说明抑郁就是认知。因为，有可能这种方式只是干预了抑郁产生的原因。毕竟，我们承认，抑郁与认知之间确实有紧密的关系，但这种关系可能是因果关系，而非等同关系。而且，某种认知可能导致抑郁感，抑郁感也可能导致某种认知。

但是，这里也许存在两个问题。这两个问题对于焦虑和抑郁来说同样适用。第一，如果焦虑和抑郁时，我们所时常伴随的认知是扭曲的，且因此而不能被理解为反映或试图反映客观事物及其状态的那种认知。那么所谓导致抑郁或焦虑的那种认知，又凭什么是认知呢？第二，如果焦虑、抑郁这类负面情绪无法反映或正确反映客观事物及其性质，那么开心等正面情绪是否同样在类似意义上伴随着扭曲的认知呢？如果开心等情绪本身就出现在一个容易开心的人身上，那么是不是意味着这个人总是不能客观地反映外部世界及其性质呢？我们来依次处理这两个问题。

针对第一个问题，我认为，无论是对于焦虑者还是抑郁者而言，引起焦虑和抑郁的认知总是很复杂的，其中有些是错误认知，有些是正确认知，没有证据表明，所有导致焦虑和抑郁的认知都是扭曲认知。比如，有些人经历了重大的生活打击，遭遇地震、失去亲人或爱人，这些生活事件本身的影响很大，哪怕对于这些生活事件的客观认知，也有可能导致个体的抑郁。而一般情况下，对于抑郁者来说，我们所说的错误认知，是对于自身和外界事物的不真实评价和理解。应该说，导致抑郁者抑郁的有可能是正确认知，也有可能是错误认知，同时也有可能是混合认知。这与我们前述所设定的抑郁者在抑郁时可能伴随的"心理内容"是有很大差别的。而认知疗法在讨论抑郁本质的时候，着重从抑郁者对自我的不客观评价入手，可以说设定了抑郁本身就带有这种（关于自我等）错误认知。但是，尽管认知能引起抑郁或焦虑，抑郁或焦虑也能引发某些认知，但这里的认知并不总是错误认知，也有可能是正确认知，还有可能是混合认知。在此意义上，这里的认知既不是永真的，也不是永假的，而是真实与非真并存的。所以，导致焦虑或抑郁的认知仍然是认知。

针对第二个问题，应该说，我们已经讨论过，开心等正面情绪并无必然的指向性，因此并不满足那种标准最为宽松自由的标准。而且，即便我们按照类似于焦虑和抑郁的方式去为其设定一些"心理内容"，也会得到类似的结果，即那种内容并不涉及反映或试图反映外部事物的客观性质，因此是不具有认知内涵的。不过，开心等正面情绪可能由某些认知引发，也可能导致某些认知。我们不能说，开心本身是一定伴随某些对外在事物的不客观反映的，前述讨论的那种设定的"心理内容"，实际上并不具有反映或试图反映客观事物的功能，也因此总是难以反映客观事物的状态。可是，不能反映或不能试图反映事物及其客观性质，不等于总是错误地反映事物及其客观性质。一个开心的人，尽管其开心的情绪状态中不包括认知，但正如前述与焦虑和抑郁相关的认知那样，引发开心或开心引发的认知依然可以是有真有假的认知。

本章小结

与焦虑类似，抑郁也是一种负面的情绪。抑郁症的多发使得我们不仅关注抑郁，也重视抑郁的发生及其影响因素。我们已经看到，5－羟色胺与多巴胺的多少似乎与抑郁的存在有较为密切的关联，一些特定的神经过程、进化遗传因素和个人特质等，也与抑郁的发生有一定的经验性关联。但是，抑郁似乎并未像表征论所认为的那样表征身体内部的某些失衡状态。因为，其既没有明确表征我们身体内容的某种物质（如5－羟色胺）的变化，也没有表征我们身体的特定神经过程，等等。如果从其是否具有指向性、有相应的表征内容，以及其是否具有认知特征等来看，抑郁和焦虑类似，也不是那种认知意义上的表征。动物也会抑郁，但其并没有概念性的认知内容。而抑郁也不具备类似于知觉的那种类命题意义上的心理内容。总体上看，抑郁并不能呈现或试图呈现外部事物的客观性质。虽然就人而言，抑郁时往往伴随着某些对于自身的过低评价，但抑郁自身仍然强烈地体现为一种低落、无助的感觉。这些都表明，抑郁并不能被简单理解为某种认知意义上的表征。尽管抑郁与认知有关系，但抑郁的本质仍然是一种感受，是一种典型的现象意识。而且，引发抑郁和焦虑的认知，也并不都是错误认知，也有可能是正确认知或者混合性认知。从上一章对焦虑的讨论到本章对抑郁的讨论，我们看到，焦虑和抑郁都不属于表征。所以，焦虑、抑郁等情绪不等同于表征。而前面对于疼痛等身体感觉的讨论表明，疼痛等身体感觉也不属于表征。这些都在相当意义上证明，身体感觉和情绪等现象意识和表征之间是具有相对独立性的。

第 八 章

现象意识和表征的可分离性及其他例证

根据前述界定，现象意识主要指那种特定的感觉，而表征则是指有心理内容的某种心理状态。表面上，我们似乎不能简单否认：（1）现象意识也会具备心理内容；（2）表征也存在那种特定的感觉。但既然二者定义有差别，也就意味着二者在本质上多少有不同之处。应该说，心灵状态确实会在这两个方面表现出不同特质。因此，虽然我们无法很快地从类别上否认现象意识有与表征重合的可能，但就前面对疼痛、焦虑和抑郁等例子的讨论来看，二者不能简单等同的可能性更大。我们也在后面的讨论中会看到，不少自然科学的证据都支持现象意识和表征是可分离的。这其中，无现象意识的知觉、无现象意识的记忆、无现象意识的思想和无现象意识的情感，都是现象意识和表征可分离的证据。

也许有人会说，为什么不从现象意识和表征的不同机制来证明二者的差别呢？可经过仔细思考之后，我们会发现，从大脑机制的层面来应对这个问题并不一定合适。首先，我们在讨论身体感觉的时候，已经表明了身体的特定状态和身体感觉本身的出现不一定有必然关联。按照这一逻辑，我们怎么能重新回到那个假设（心灵过程一定对应不同的身体过程、大脑过程），并以此来指出现象意识和表征是不同类型的心理过程呢？虽然我承认，有时物理过程和心理过程之间有一定的相关性，但这种相关性是否足以支撑它们之间的等同性，这一点在我看来仍旧是可疑的。因此，这里我既不明确假设物理主义（尤其是还原物理主义）前提，也不暗含物理主义（尤其是还原物理主义）立场，因为这可能会导致更多困难。尤其是，我不能在前面论述了与这种立场有一定相悖的观点，而后在此处又利用这种立场来论证现象意识和表征的相对独立性。这会使得本书的基本立场不融贯。其次，同一种类别的心理状态都可能在不同程度、不同子类别上涉及不同的神经生理过程，我们无法仅据后一种情况（存在不同的神经生理过程）就指出它们对应完全不同的心理种类。比如，"注意"这种心理状态的不同次级类型能触发不同脑区的激活，可我们无法反过来推，说这些不同脑区的激活有的属于注意，有的不属于注意，或者都不属于注意。这样看来，我们也同样没有理由反过来推，说意识和表征在发生时因为有不同脑区的激活所以就不属于同一类别。这可能反倒会造成论证上的困难。所以，从论证上讲，我们并不能充满信心地表明，由于表征和现象意识发生作用的区域或对应的脑区不同，二者便彼此独立。而且，在此前探讨情绪的不同种类时，我们已经发现，不同的情绪（如愤怒和兴奋）可能伴随着同一种生理状态（如血压升高、血压流速变快、心跳变快等）。所以，我们也很难说，如果两种心理种类相关于大脑同一区域的激活，或者同一种身体生理变化，我们就能推出二者是同一种事物或同一类事物。两种心理种类之间的差异，与它们所伴随或看似"对应"的脑区变化和身体生理变化之间的差异，谈不上有必然关联。

需要注意的是，这里讨论的主要是现象意识和表征之间的可分离性，而不是所有意识和表征之间的可分离性。这意味着我的观点能够在一定程度上兼容其他学者的看法。比如，按照布洛克提出的现象意识和通达意识之间的区分来看，通达意识本身与表征有共享或重合的地方。表征包含信息加工的认知过程，而通达意识也被这样理解和定义。因此，本书的任务并非要证明所有意识种类与表征之间的可分离性，仅要说明现象意识这种意识种类与表征之间的可分离性。接下来，我们就来看看，除了疼痛等身体感觉和焦虑、抑郁等情绪不是表征（并证明了现象意识和表征之间有相对独立性）之外，还有哪些例证可以证明现象意识和表征之间的可分离性。

一　无现象意识的知觉

尽管存在不同的声音（如直接知觉观和朴素实在论的一部分持有者，他们不认为知觉是表征），知觉是表征这样一种观点近些年来基本属于主流看法。作为表征的知觉，既包含表征状态，也包含表征内容。比如，当我们看到一朵粉色的花时，产生了"那朵粉色的花"的视觉表征。此时，对于主体而言，"看到"就是一种表征状态，"那朵粉色的花"就是相应的表征内容。当我们听到一段曲子时，产生了"那段曲子"的听觉表征。这时，"听到"就是一种表征状态，"那段曲子"就是相应的表征内容。虽然视觉、触觉、听觉、味觉、嗅觉这五种基本的知觉代表着不同的知觉模式，但它们都属于一般意义上的知觉表征。

尽管有不少哲学家像塔艾那样，将知觉看作现象意识的一个主要类型，或者认为知觉有现象性（那种特定的感觉），（Siegel，2010，4）且指出知觉的不同模式在现象层面有差别。（Biggs，Matthen & Strokes，2015，1；4）有些哲学家还以知觉的现象性来论证知觉和幻觉之间有着相同的内容，就是源于其认为，这两种情形在现象层面是无差别的。（Siegel，2010，6）但近年来的自然科学证据表明，存在无现象意识的知觉过程。

不过，在我们正式讨论无现象意识的知觉过程之前，我们应该对一种观点进行更加彻底的分析。这种观点是，存在无意识知觉（unconscious perception）。之所以要对这样一种观点进行分析，首先是因为从概念上看，无意识知觉不等同于无现象意识的知觉。这取决于如何理解"意识"。好在我们此前已经对"意识"这一概念的用法和区分做出了讨论。所以，在这里，前述分析和讨论便能起到应有的作用。不少学者（尤其是许多心理学家）认为，知觉可以是无意识的。（罗宾逊－瑞格勒、罗宾逊－瑞格勒，2020，35；Helmholtz，1962）。可实际上，这种观点往往意指，存在无反思性意识的知觉。比如，亥姆霍兹认为，知觉基本上是一种无意识的推理过程。（Helmholtz，1962，4；Palmer，1999，126）马尔认为，知觉表征是一个自动的过程。（Marr，2010，xviii）他们想说的其实是，无意识知觉就是无反思、无觉察的一种知觉过程，也就是说，存在主体并没有觉察到的知觉过程。如果从前述现象意识和反思性意识来看，这种无意识知觉更多地特指没有反思性意识的知觉，而非没有特定感觉的那种无现象意识的知觉。应该说，即便存在这种无反思性意识的知觉过程，也并不意味着，这些知觉过程没有那种特定的感觉。主体是否觉察到、反思到自己的知觉过程，与那种知觉过程本身在发生时是否具有某种特定的主观感觉并不是一回事。所以，我们不能依据那些心理学家所说的"存在无意识的知觉"，就得出"存在无现象意识的知觉"这样一种论点。

因此，直接考察是否存在没有现象意识（以及相应的现象特征）的知觉，可能是一个更好的选择。那么，到底是否存在无现象意识的知觉呢？乍听起来，没有现象性质的知觉过程——这似乎与我们的直觉有冲突。一般情况下，我们在知觉过程中，总会有某种特定的体验。不少人会认为，知觉——不论是视觉、听觉、触觉、味觉还是嗅觉——都带有某种特定的感觉。不可否认，就知觉内部的这些不同模式而言，确实存在特别的、有差异性、带有一定辨识度的特征。比如，视觉过程和听觉过程给人的体验是完全不同的，嗅觉过程和味觉过程也在体验上有差异，更不用说触觉与视觉、听觉等模式之间在体验上的差别了。而且，就不同的知觉模式内部来看，似乎也存在大量带有不同现象性的知觉过程，这些不同现象性的知觉过程常与不同的知觉对象相关。比如，看到蓝色或红色的感觉是视觉模式内部的不同体验，且看到蓝色的感觉不同于看到红色的感觉；触摸到粗糙或光滑的表面是触觉模式内部的不同体验，且触摸到粗糙表面的感觉也不同于触摸到光滑表面的感觉。这些情形的存在，容易使我们认为，知觉过程总是伴有特定的感觉，或者说，知觉过程总是伴随现象意识，甚至其就是现象意识的一种。但是，是否知觉过程真的一定伴随现象意识即那种特定的感觉呢？如果不必然如此，我们是否可以就此得出两点：第一，知觉这种表征过程可以与现象意识相分离；第二，基于第一点，知觉既然不必然伴有现象意识，那么现象意识显然不是知觉的核心特征，我们也不能说知觉就是现象意识。在下文的讨论中，我们发现，确实可以说存在无现象意识的知觉，这大约能用来为我们这里提到的两点提供支持。

我认为，可从三个方面来论证无现象意识知觉的存在。

首先，紧紧围绕"那种特定的感觉"这一定义来看，我认为，知觉过程并不一定伴随那种特定的感觉。这就是说，我们在进行知觉活动时，往往并没有什么特别的感觉，它只是自然而然地发生了而已。尤其是，当我们将知觉与身体感觉和情绪做比较时，我们会发现，显然疼痛等身体感觉和焦虑等情绪状态在发生时，所伴有的那种特定的、特别的感觉是非常与众不同的，具有极高的可识别性。这种与众不同的感觉会让我们马上识别出它的类别，并想办法做出反应和行动。可是知觉过程在大部分时间里，并不会让我们觉得有什么"特别的感觉"，也谈不上马上识别出它的类别并想办法做出反应和行动。

其次，即便我们退后一些，承认知觉过程尤其是视觉、听觉和触觉等知觉模式都有自己特定的感觉，可是盲视现象（blindsight）在相当程度上说明，我们的知觉过程不一定伴随那种特定的感觉。盲视现象是指，初级视皮层受损的被试尽管报告看不到外界对象，但仍然能够有很大概率猜对相应对象的相关性质。（Palmer，1999，633）这表明，一个没有视觉相关现象意识的人仍然有视知觉过程。也就是说，没有现象意识的知觉不但存在，而且仍旧能够表征外界对象，且能够达成一定的认知效果。知觉表征作为认知过程，其看似的现象层面并不扮演本质性的角色。此外，感觉替代装置（sensory substitution devices）理论也在某种层面上支持了这一点。这种思路认为，盲人可以通过触觉来完成视觉的过程，不但如此，他们可以在触觉的基础上利用其他的辅助工具来替代视觉过程，并对某物的大小和性质做出相对准确的判断。（Auvray & Myin，2009；Siegle & Warren，2010）这至少为知觉一定带有特定的，尤其是某种知觉模式特有的（perceptual modal-specific）现象意识这种观点提出了挑战，因为触觉等其他知觉模式在替代视觉时，即便伴随某种特定的感觉，可这种感觉显然与我们所认为的、视知觉在常规情况下所伴有的现象意识是不同的。可见，替代装置的帮助，似乎使得某种知觉模式如视觉原本常伴随的那种特定的（不同于其他知觉模式的）感觉也消失了。但是，我们知道疼痛的时候，那种特定的感觉绝不会发生变化，也就是说，我们绝不会以"不疼"（或者痒、恶心）的感觉来经历疼痛。焦虑的情绪也同样如此，我们绝不会伴随着非焦虑（如抑郁、悲伤）的感觉而经历焦虑。这都为知觉和某种特定的现象意识之间的必然伴随关系提出了挑战，也为现象意识可以来定义知觉这一观点提出了诘难。不但如此，还有证据表明，我们的听觉实际上也会产生类似的情况。一个著名实验显示，当被试接受双耳信息，但要求只能听其中一只耳朵（如左耳）传来的信息，而主动屏蔽另外一只耳朵（如右耳）传来的信息时，（Lackner & Garrett，1972）结果是，被试声称只听到了左耳的信息并能够进行复述，也声称右耳的信息没有听到，却在阐述左耳听到的信息时，将右耳听到的信息与左耳传来的信息进行了混合。可是，右耳并未在现象意识层面有什么反应。

　　有的人可能会质疑，那这里所说的没有现象意识的知觉难道不就仅仅是一种信息传递过程吗？当然不仅是这样的。我认为，（1）知觉过程当然包含有信息传递过程，但其不能仅由信息过程来定义。知觉过程包含心理内容的建构。（2）知觉也是一种认知过程，我们依靠这种认知过程能够对外部世界进行了解。信息过程尽管构成了很重要的基础，却不能等同于认知过程。（3）没有现象意识的知觉仅仅只是最低意义上的知觉，表明了现象意识本身可以与知觉表征相分离，或者说知觉表征不能以现象意识来构成。但这并不意味着稍微高级一些的知觉就不伴随现象意识的层面。那种看到的、听到的、触摸到的感觉，仍然常常会伴随着知觉过程。甚至有时候，由于人类还具备更高级的体验能力，当个体在欣赏或专注地知觉外部对象时，他们不仅仅有那种触摸到的、看到的、听到的感觉，还会进一步伴随审美的体验，而这种体验显然是一种现象意识的体现，尽管这并不是知觉的必要构成部分。而且，这也不意味着知觉不需要任何生物学基础上的心理构成部分。我们知道，知觉总是包含表征内容的，那种知觉表征内容本身不等同于现象意识的那种特定感受，但它也是心理性的。因此，知觉可以没有现象意识过程，但总是需要有知觉的表征内容。

　　不过，从表征论者的思路来看，表征内容就是现象特征，那么，他们完全可以针对盲视现象发出这样的质疑：只要盲视过程是有表征内容的，那么其就是现象特征和现象意识的体现，无论那种内容以何种方式表现出来。但当我根本不假设内容就是现象特征的时候，我们就会发现，这种反驳并不能起到真正的作用。

　　还有一个问题是关于猜测。有人可能会提出，盲视当中包含着猜测，可是猜测就是猜测，如何就是知觉了呢？知觉的确定性似乎比猜测要强。对于这个问题，我们可以从以下几方面来回应。首先，盲视之所以被认为是盲"视"，就是缘于主体的正确率高于随机或胡乱猜测。（斯腾伯格、斯腾伯格，2016，161）其次，如果格式塔心理学中的接近律等确实反映了我们的知觉形成过程，那么我们将某些接近的部分知觉为整体性的这种知觉过程，本身也包含着猜测的一面。而且，我们在阅读文字的时候，常常会通过扫视来进行，这样我们在阅读的过程中，虽然并未看到那些我们跳过的文字，但实际上知觉到并理解了它们。（Munton，2022，348）这一过程似乎也包含一些猜测的成分，而且显然是缺乏现象意识的。再如，我们知觉某个外在对象时，会包含对其背后（看不见的）部分的知觉，而不仅知觉其呈现在我们面前的那一面。可以说，知觉过程当中如果本身就包含着猜测，那么盲视现象中的猜测也就未必与知觉相对立了。正如学者戈尔茨坦所言：

　　　　知觉系统像记忆系统一样能够利用部分信息达成对知觉问题解决方案的"最好的猜测"，且大多数时候都是正确的。（戈尔茨坦，2015，291—292）

其实，亥姆霍兹认为知觉本身就是一种无意识的推理过程，这种看法在一定意义上也为我们这里所说的知觉包含猜测提供了合理的支持。进一步说，当猜测的正确率有相当保证的时候，其作为猜测的概率也在下降。这对于知觉的可靠性和确定性来说是一种保障。

盲视现象中，个体能够对外部事物的特征（如形状、颜色、方位等）准确把握，但这些成功的个体并不知道自己是对的。但知道自己是对的并不是知觉过程的必备条件。事实上，个体的知觉有可能是正确的，也有可能是错误的，但这与知觉主体是否即时知道自己是正确的并无必然关系。可以确定的是，盲视中的个体声称自己看不到相应的视觉对象（也就是说，其缺乏视觉常伴随的现象意识层面）。虽然是通过猜测，可其成功率还是比较高的。似乎在这一过程中，视网膜上会有记录信息，这些信息会被传递到其他的大脑皮层进行处理，从而达到对外部刺激进行视觉识别的过程。换句话说，在这一过程中，外部世界曲折地（不需要现象性体验）、非常规地被主体知觉了。

无现象意识的知觉的存在，证明了知觉过程可以在没有我们所认为的常规现象性体验的情况下发生，并达成一定的知觉认知效果。这表明，现象意识和知觉表征是可分离的。而无现象意识的知觉表征的可分离性，也给出了一般意义上表征和现象意识可分离的一个例证。

二　无现象意识的记忆

记忆是一种表征，能够再现我们对世界的认知。记忆有相应的表征内容，也有真实与非真的情形。记忆既基于认知和学习，也是进一步认知与学习的基础。那么，记忆是否具有（或一定具有）现象意识层面呢？

首先，记忆一般并不伴随着那种特定的感觉。当我们回忆过去时，大部分记忆并不会伴随着某种特定的、特别的感觉。我们考虑外显记忆（explicit memory）以及努力回忆的心理过程。当我们回忆有关自己的过去［自传体记忆（autobiographical memory）］时，我们只不过是在回忆而已，并没有所谓特定的感觉；当我们回忆某个历史事件或物理学公式［语义记忆（semantic memory）］时，也没有什么特别的感觉；当我们回忆过去家人或朋友身上的故事［情景记忆（episodic memory）］时，一般也不会有什么特别的感觉。

也许有的人会反对说，有关痛苦经历的记忆以及闪光灯记忆（flashbulb memory）会使当事人有特别的感觉。确实，对于经历过痛苦事件（如被强奸、被虐待、被遗弃等）的人，在回忆那些往事的时候，仍然常常会感到难受或不愉快，这显然是带有特定感觉的。但是，对于这些人，第一，他们难受的感觉是情绪的体现，而非记忆本身所固有的。可以说，回忆这些经历总是会导致难受的心情，但没有充分的证据说明这些回忆本身有那些特定的感觉。第二，对于许多人来说，回忆那些经历在最开始的一两个月、一两年甚至三五年，确实容易伴有难受的感觉，但那种感觉对于有着基本复原能力的人来说，仍然会逐渐变淡甚至消退。尽管仍有一部分人难以复原甚至深受其扰，但通过恰当的干预和心理治疗，这些人也会慢慢地恢复。这就意味着，哪怕回忆本身的内容不发生变化，但那种对于这些人而言的特殊感觉，会渐渐地减退甚至消失。这也说明，回忆或记忆并不与这些特定的感觉相挂钩。闪光灯记忆是指，在重大历史事件（如对于美国人来说的"9·11"恐怖袭击事件、肯尼迪遇刺等）发生时，自己会对当时的记忆（包括自己身在何处、在做什么等）更为清晰。这也许是由于我们大脑中的情绪部分在当时有所反应并被激活，以至于大脑存储了更多信息（哪怕其与事件本身并不相关）。因此，对当时历史事件越是具有强烈的情绪反应，闪光灯记忆也就表现得越明显。（Brown & Kulick，1977，73；加洛蒂，2015，99）也就是说，闪光灯记忆是指由于当时的事件极具冲击力，从而个体出现了强烈的情绪从而导致记忆变得更加鲜活并充满细节。闪光灯记忆能够说明的是，当在经历某个事件并感到强烈的情绪时，对当时情况的记忆会更持久、更详细，就像被打了闪光灯一样。但是，这并不能说明当人们在回忆当时的情景时，一定有那种特定的感觉。同样地，也许在刚开始回忆的时候，人们还会容易感到激动或悲伤，但时过境迁之后，再次回忆当时的场景几乎就不会有什么特别的感觉了。这也说明，记忆并不必然与现象意识相关联。

前文已阐述过，杏仁核与情绪关系密切。而在特定情况下，杏仁核也与情绪相关记忆之间的关系密切。有学者发现，杏仁核与海马体之间有联系，从而能帮助个体储存和调节与情绪有关的情境性记忆。实际上，杏仁核之所以与记忆和认知有关联，一方面是由于其会使得个体注意引发情绪的那些相关刺激；另一方面是由于杏仁核被激活有助于将某些记忆标记为有情绪意义和情绪价值的。比如，闪光灯记忆。证据表明，杏仁核未受损害的美国士兵中有40%都有PTSD（创伤性应激障碍），但杏仁核损伤的个体却无有患此种障碍的。（施塔、卡拉特，2015，118—119）可见，负责情绪的杏仁核一旦损伤，与情绪相关的记忆也会因此而减弱，以至于对于个体来说不再有创伤记忆之后的后遗症。但是，虽然一般认为杏仁核负责情绪，在此层面上，杏仁核也和与情绪有关的记忆有关联，但这并不意味着记忆本身等同于情绪，或者因此而有特定的感觉。我们已经说明，记忆在一些时候会导致情绪感受，但并不必然如此。

从上面的分析可以看到，存在无现象意识的记忆表征。虽然情绪相关的记忆及其有时伴随的特定感觉，容易令人觉得记忆也有现象意识。但是，现象意识和记忆表征事实上是可分离的。无现象意识的记忆表征，也为一般表征和现象意识的可分离性提供了又一例证。

三　无现象意识的思想

我们的思想过程往往是心理形式的判断和推理过程，这个过程包含内容，且往往是概念性内容。思想有真实的情形，也有非真的情形。思想具有反映或试图反映外部事物的认知内涵。所以，思想显然是具有心理内容的、表征性的心理过程。但是，思想是否具备现象特质呢？

不少哲学家反对将思想也看作有现象意识的，因其似乎并不具备那种感受层面。（Carruthers & Veillet，2011，35；Tye & Wright，2011，326）一种思路大概是，当我们在思考的时候，往往会伴随一些心理图像等，从而使得思想有现象性。（Block，1995，245）也有人认为，通过重构现象性概念（或承认所谓"认知现象性"），我们的思想也具有现象特征。（Montague，2016；Prinz，2011，174）比如，一个易被考虑的典型情形是，当我们在学习某一门外语之前和学习某一门外语之后，我们在听到那门外语的同一句子在前后有完全不同的感觉。以法语中的"Bonjuor"（你好）为例。我们在学会并理解它之前和学会并理解它之后，听起来是不一样的。在学会这句话之前，我们听到这句话时，仅仅听到的是一些声音而已。可当我们学会它之后，我们听到它的时候就会带有对于这句话的语义的理解，也能做出适当的反应。当我们仅仅听到一句话的声音而不理解它时，我们的头脑中一般不涉及相关的思想。思想一定是在理解基础之上才能产生的。所以，认为思想也有现象意识的支持者希望以这个例子说明，当我们在理解了某门外语之后，我们在理解那门外语的语句时，会有额外的、特别的感觉，那种感觉就是思想所带有的现象意识，因此，思想也是有现象意识的。不但如此，有相关思想和没有相关思想的感觉也不一样，这更说明了思想似乎是有现象意识的。但是，这种对有某种思想（理解）和没有某种思想（理解）的比较，本身就是一种依赖于特定前提假设的比较。这种比较就如同前文中比较视觉和听觉，好像二者确实伴有不同的感觉。可这并不妨碍我们依然可以找出无现象意识存在的思想。就像我们此前在讨论知觉时指出的那样，确实在很多情况下似乎知觉是伴随现象意识的，但我们依然可以指出盲视等无现象意识的知觉表征也存在。也就是说，就算我们勉强承认思想有时伴有现象意识，我们依然可以通过指出无现象意识的思想之存在，证明思想与现象意识是可分离的。

所以，严格意义上，如果仍以"那种特定的感觉"这一标准来看，可以说同样存在无现象意识的思想过程。我们的思想不一定具备那种特定的感觉。不仅如此，大多数时候，我们的思想过程明显不具有那种特定的、特别的感觉。比如，当我们在想"$2+2=4$"或"如果 P，那么 Q；P，所以 Q"（肯定前件式）的时候，我们基本上只是在思考而已。这种思考过程仍然是心理过程，其有相应的心理内容，可并不包含那种特别的感觉。这一理由也使不少哲学家认为，思想本身不是现象意识。也许有人会说，我们想到"$2+2=4$"和没有想到"$2+2=4$"的时候是不同的感觉，这说明思想有特定的感觉，至少就思想表征"$2+2=4$"而言。但是，如果一个人一直处于平静中，当他的心里从什么也没有想，转为想到"2+2=4"时，他不一定有什么特别的感觉。或者，当他从"1+2=3"转而想到"2+2=4"时，他也未必有什么特别的感觉。再或者，当他从"2+2=4"转而想到"天气预报明天是个晴天"时，仍不一定有什么特别的感觉。这里确实存在思想表征内容的变化，却不一定伴随什么特定的感觉。

当然，有的人可能会说，当我很愤怒地在思考某件事时，我往往是有那种特定感觉的。但是，这里我们需要注意的是，这时候的那种特定的感觉，应该是伴随着愤怒这种情绪，而非思考过程的。愤怒和思想是可分离的。比如，我可以很愤怒地想："这件事他做得不对。"我也可以理性而并不愤怒地想："这件事他做得不对。"那种特定的感觉和情绪之间的关联更密切，和思想本身的关联则不然。因此，思想是可以与现象意识分离的，也存在无现象意识的思想。

此外，当我们是婴儿时，我们就有现象意识，但我们却尚未有思想。现象意识早于思想。可以说，不仅存在有无现象意识的思想，也存在无思想的现象意识。这足以说明，二者是可以相互独立的。无现象意识的思想，也为一般表征和现象意识之间的可分离性提供了例证。

四　无现象意识的情感

已有证据表明，情感反应和情感过程也可以是无现象意识的过程。我们的情感过程有时会在我们没有相应感受的情况下发生，甚至会影响到我们进一步的判断和行为。这说明，这些被试虽然声称并没有什么特别的感受，但实际上经历了情感，以至于进一步出现了情感导致的行为上的相应变化。也许有人会怀疑，我们有什么理由认为那是情感在起作用，为什么不是判断本身在起作用呢？如果对于这个例子的理解还在某种程度上有些类似于黑匣子，那么我觉得我们可以再举些更明显的例子。比如，当我们说我们爱自己的父母时，我们是否时时刻刻都有那种特定的感受？并不必然。正常生活当中，我们很爱自己的父母，可这种情感不需要总是以特定的感受体现出来。当我们细水长流、平静生活的时候，我们依然爱自己的父母，而这种情感本身完全可以不需要现象意识的时刻伴随。有些人可能认为，情感从一般的定义上看，本身似乎就是一种现象意识、一种感受或感觉。因此，说无意识情感尤其是无现象意识的情感是矛盾的。但是，从上述例子我们已经看到，这种认定情感本身一定包含感受的观点自身就存在一定的问题。确实有科学家指出，存在无意识的情感，即主体未觉察到或未追踪到的情感。（Berridge & Winkielman，2003）但这种观点仍然涉及的是前面所说的反思性意识。①

　　情感是比较复杂的心理种类。有学者如罗素指出，情感包括核心感情，如愉快或不快的心理状态，且这种核心感情也包含在那种漂浮的情绪当中。（Russell，2003；Russell，2009）这是从定义层面就对情感包含有感受做出了认定。但这种以核心感受来定义情感的处理，我们并不需要无条件赞同。在我看来，尽管并不必然，但情感的确常常伴随那种现象意识层面。情感也包含表征层面，且更多的是表征层面。比如，在经历内疚这种情感时，确实会带有某种特定的感觉，也包含了对于某件事情的认知内容。比如，其认知内容有可能为："我无意中伤害了他，而这是不对的。"或者，在经历尴尬这种情感时，个体会带有某种特定的感觉，但也同时包含了对于某件事情的认知内容。比如，其认知内容有可能为："我当众出丑了，这令我感到难堪。"但这并不意味

---

　　①　这些讨论并未特别区分情感和情绪，所以此处不宜对其做太多参考。

着现象意识等于表征，而仅仅说明了，现象意识和表征同时出现了。从前面对于爱这种情感的讨论来看，情感不一定要时刻包含感受。

情感一定是有所指向的。比如，我们的爱总是指向某个对象。这个对象也许是我们的家人，也许是我们的爱人，也许是我们的朋友，也许是我们自己。仇恨也总是指向某个特定对象。种族歧视就是一个明显的例子。嫉妒、厌恶等情感同样如此。所以，在此意义上，可以说不同于情绪，情感满足表征最自由宽松的标准。

当然，这里还有一个问题，那就是如果情感更多地是表征层面，那么动物是否也具有表征意义上的情感呢？鉴于动物并没有概念认知，而情感又是如此复杂，我们应如何看待动物在这方面的情况呢？我认为，不少动物也是有情感的，而且，情感虽然复杂，但是并不必然要求个体一定具备概念认知能力。情感更多地涉及个体（即便是动物个体）与其他个体之间社会性交往基础上的心理过程。所以，动物虽然缺乏概念认知，但是却也可以具有情感生活。而动物的情感生活，也可以是无现象意识伴随的。比如，仍以亲情之爱来举例。母狮子爱自己的孩子，但对小狮子的爱不一定时刻包含着特定感受。

这里还有一个问题，即如果情感是表征的话，其是否具有可错性呢？其又是否在反映或试图反映事物的客观性质呢？我想，这里涉及关于社会规范、道德、审美等方面的认知，这些认知也是存在客观真理的。比如，当我们不小心以言语伤害了自己的朋友并因此而内疚时，我们也许会有这样的心理表征："我伤害了他，我感觉很内疚。"或者"我不应该那样对他""我最好赶紧向他道歉或进行补偿"，等等。这可以说涉及了我们在道德层面的行事问题。一般情况下，当我们伤害到了自己实际上并不愿伤害的人，那么我们会有内疚的情感。这种情感反映或试图反映我们的某种不道德行为。如果这种反映或试图反映本身是符合事实的，即我确实口无遮拦伤害到了我的朋友，那么其就是真实表征；而如果我并没有伤害到自己的朋友，那么这一表征就是错误表征。在此意义上，其不仅具有认知内涵，也是语义上可错的。[①]某人因为在公共场合紧张所以说话不流畅而感到尴尬时，可能有这样的心理表征"我的表现让别人看笑话了"，"我说话结巴得厉害"，等等。如果实际情况确实是别人都在笑话他，或者其说话结巴的情况确实严重，那么其就是真实表征，而如果事实上并没有人因此而笑话他，或者其结巴情况非常轻微，那么其就是非真表征。可见，情感在这方面不但有所表征，也能有所表征，并具有相应的可错性和认知内涵。此外，前述已经提到，情感具有指向性，因此也满足表征最为自由宽松的标准。

本章小结

本章我们探讨了几个无现象意识的心理表征种类，分别是知觉、记忆、思想和情感。知觉、记忆、思想和情感，都包含相应的表征内容，也存在真实和非真的情形，并具有认知内涵，即反映或试图反映外在事物的客观状态。这其中，记忆和思想作为典型的表征，不一定具备现象意识的层面，这一点是为不少哲学家所接受的。尽管也有人认为思想具有特定的感觉，但我们也已经明确地对此进行了反对。知觉和情感则是相对较难论证的两种心理表征。常识会认为，知觉和情感似乎也是有特定感觉的，因此应被归为现象意识的种类。塔艾等强表征主义者也认同这一点。

---

① 这里需要注意的是，情感表征在涉及道德行为等方面的时候，其真实和非真情形并不等于应然层面的"应该"与"不应该"，或者说，事实上的真实与否（准确与否）并不等同于道德上的"对"与"错"。因为，道德上的"对"与"错"或"应该"与"不应该"，与表征这种反映或试图反映事物客观状态的功能是存在本质差别的。

但是，通过盲视等例子的讨论，我们发现知觉也可以是无现象意识的知觉。而比情绪复杂得多的情感，本身也存在不伴随现象意识的层面，因此，情感更多地是表征，而非现象意识。无论怎样，在这一章中我们证明了两件事情。第一，存在更多的例证表明，现象意识和表征是可以相互分离的。第二，知觉和情感，由于存在不伴随着现象意识的情况，不应被想当然地归为现象意识，但它们确实属于表征。

第 九 章

一些澄清

在前面几章中，我们已经看到，现象意识包括身体感觉和情绪，可并不一定包括知觉和情感。身体感觉和情绪不是表征，但知觉和情感则是表征。现象意识和表征不但不能等同，还可以相互分离。在这一章中，我们会就一些前面未处理的或进一步的相关问题做出考察。这些问题包括，是否存在无意识的感受或感觉不到的感受？现象意识是否概念性的？那种特定的感觉能覆盖心理特征的全部吗？现象意识与表征的关系是怎样的？这些问题或者涉及本书对现象意识的更多讨论，或者涉及本书的相关立场，或者涉及后续如何处理现象意识和表征的关系问题。我们一一来看。

一　是否存在无意识的感受或感觉不到的感受

既然我们已经按照感受或感觉定义了现象意识，那么也就意味着现象意识的核心特征就是"那种特定的感觉"。但是，是否存在无意识的感受或感觉不到的感受呢？如果存在，这是否意味着"那种特定的感觉"也可以与现象意识相分离，从而威胁到我们以此来界定现象意识并将其与表征相分离的依据呢？

我想，对于这个问题的回答，可以从三个方面来考虑。

第一，对于感觉的注意与感觉（尤其是其感受特征）本身并不是一回事。如果一个战士在战场上搏斗，且受伤流血，他也许会忍着剧痛，甚至在厮杀时完全不顾其疼痛的感觉，但是这并不意味着他就不存在疼痛感了，也不意味着他的疼痛感本身失去了感受特征。我们一般所说的"对感觉的感觉"实际上是指对于感觉本身的认知。这既是可能的，也是常见的。但这与感觉本身的感受特征不是一回事。对于在战场上厮杀的战士而言，他有可能已经血流如注却没察觉到，这与注意力放在了战场上而忽略了自己有关。应该说，那种疼痛的感觉依然是存在的，但因为有更重要的目标，而被暂时忽略了。一旦战士走出战场，疼痛就会马上袭来。可见，这种感觉是始终存在的，但对于这种感觉的注意则未必如此。

第二，无意识的感觉可能存在，但这里的"无意识"应为反思性的意识层面。在第二章中，我区分了现象意识和反思性意识，前一种即为那种特定的感觉，后一种为对自身状态的觉察和反思。这也与日常语言（以及日常理解）相匹配。因此，对于某种疼痛，我们没有反思性的层面，这是可能的，但疼痛的感受层面（或现象意识层面）依然存在且必定存在。因此，当我们谈到"无意识"的时候，需要特别谨慎，要看是哪种意义上的"意识"。反思性的意识与现象意识无须同时出现。没有反思性的意识存在，现象意识（那种特定的感觉）仍可存在。可见，当我们说"无意识的感受"或"无意识的现象意识"时，我们应将这里的"无意识"理解为"无反思性意识"。

第三，感受不到的感觉不等于没有感受性的感觉。感受不到的感受这种说法，似乎并不是针对感受本身是否没有感受性，而是针对感受是否被进一步（二阶地）感受到（或注意到）。但是，从字面上来看，这却容易被理解为，没有感受到的感受其实就是指缺乏了感受性质和感受过程的感受。可见，实质问题并不在于是否存在什么无感受性的感觉，而在于，第一，无意识感觉不能马上被替换为没有感觉的感觉。第二，没有感觉的感觉本身就是自我矛盾的。因为，怎么能存在没有感受过程的感受过程呢？这相当于说 A 不是 A，或者 A 是非 A。所以，感觉也许未被主体注意到，但其总是有感受性的感觉。

我们也可以说，实际上存在两种相反的观点。一种观点接近常识，认为这是自相矛盾的，不存在没有感受的感受。通过上述的讨论，我们认同这种观点。另一种观点则往往基于认知科学等自然科学，认为也存在没有感受到的感受。这种观点暗示，现象意识有时是自动发生的或者是阈下的（subliminal），并不一定都到我们的大脑皮层层面或意识层面。（Nelkin，1989，129；Winkielma & Berridge，2004，122）甚至内尔金直接表示，就疼痛而言，我们所说的现象特征（疼痛感受）可以和疼痛剥离开来。（Nelkin，1986）对于这种观点，我并不认同。因为，现象意识的发生一定是有那种特定感觉的，尽管其过程也包含信息处理过程，但信息处理过程不等同于现象意识的全过程。现象意识发生时，那种特定的感觉以标志性意义存在。就疼痛而言，疼痛感本身确实是疼痛的根本特征。即便是在慢性疼痛、注意力干预等情形中，疼痛本身也终究是以疼痛感的形式存在，并为主体所知。

二　现象意识是不是概念性的

这个问题本身虽可成为一个独立问题，但对这个问题的立场却多少关系到本书的基本立场。前文已经说过，现象意识并不包含表征意义上的内容，只有表征才包含着表征意义上的心理内容。对于表征而言，其表征内容可以是非概念性的，也可以是概念性的。但是，现象意识如果是概念性的，也就意味着其具有相应的、概念性的表征内容，这也就说明，现象意识不但是表征，还是概念性的表征。如果这种看法成立，便对以具有表征内容的表征与不具相应内容的现象意识之间的差别提出了挑战。对此，我有以下三个方面的回应。

第一，现象意识是不是概念性的这一问题，首先基于现象意识有相应的表征内容这一假设，但如果这一假设不成立，那么现象意识是不是概念性的这个问题也就无法提出了。前面我们已经论证，现象意识如疼痛等是没有表征内容的，故而也谈不上什么概念性或非概念性的问题。

第二，如果有人认为思想作为一种表征，具有现象特征或者就是现象意识，那么这种作为现象意识的思想似乎肯定是概念性的。我们承认，思想确实是概念性的，但如前所述，思想本质上并不具有现象意识以及现象特征，因而这不能构成一个成功的反例。上一章中，我们也已专门讨论了无现象意识的思想的存在，因此，思想确实是表征，但并非现象意识。

第三，也许有人会说，那成人的现象意识难道不存在什么概念性的内容吗？比如，当我感到疼痛的时候，我也许会想"太疼了""这实在难以忍受"，等等。难道这不代表成人的现象意识是概念性的吗？我认为，成人的认知背景复杂，我们的心理生活丰富多样，且常有多种现象意识和表征并存，但这并不是我们认为现象意识是概念性的充分理由。在研究现象意识时，就如我们在研究表征时一样，底线应当是婴儿与动物。明显的事实是，婴儿与动物有现象意识但无概念性认知，因此我们难以得出现象意识一定是概念性的。尽管成人在经历身体感觉和情绪等现象意识时常伴随一些概念性思想过程，但其根本上与现象意识仍可分离。

所以，对于成人来说，多种心理状态同时出现、混杂出现，并不意味着成人的现象意识是概念性的。即便有人真的顽固地认为成人的现象意识是概念性的，婴儿和动物的情况也会成为解释上的障碍。而且，这也并不说明，婴儿和动物所具有的虽然不是概念性的现象意识，但却是非概念性的现象意识。因为，仅从婴儿与动物有现象意识，但无概念性认知，并不能推出婴儿所具有的现象意识本身只是非概念性的。所以，核心的地方在于，正如我们此前所谈到过的，现象意识并无那种表征内容，因此也谈不上什么概念性或非概念性。

三　那种特定的感觉能覆盖心理特征的全部吗

对于不少哲学家来说，似乎现象意识，尤其是那种特定的感觉构成了心理特性。而且，如果那种特定的感觉就是心理性本身的话，那么对于这些哲学家来说，只要处理了现象意识的问题，也就解释了心灵的心理性。但是，我们看到表征中虽不包含那种特定的感觉，可表征内容也是心理性的一种体现。表征也有心理状态的那种主观性，尽管其也有一定程度的客观性，但这都不妨碍其也是我们心理生活中很重要的一个方面。过去在心灵哲学中存在一个问题，就是容易把心灵等同于意识，或者以谈论意识来谈论心灵，然后将意识问题的解决等同于心灵问题的解决。这种情况随着如今对心灵的更多研究（包括自然科学方面的研究）而逐渐改变了。心理表征的表征内容或者那种内容性本身，不同于现象意识的现象特征，因其并不具备那种特别的感觉。这也就是说，现象意识的那种特定的感觉和表征中的心理内容，二者都是心理性的体现。如果现象特征就能覆盖所有心理性的话，也易于让一些人认为，表征内容实际上就是现象意识的一种表现。

结合前面我们对现象意识和表征可分离性的讨论，我认为，我们应该从两个方面去理解心灵生活的心理性特征。一方面是那种特定的感觉，亦即现象意识及其现象特征。另一方面就是表征，尤其是表征性的心理内容。前者并不等同于后者，后者也不等同于前者。我们在思考、在回忆的时候，并不一定有什么特别的感觉，而我们在疼痛、焦虑的时候，也没有什么特定的心理内容。所以，现象性或那种特定的感觉，仅仅只描述了我们心理生活的一个方面，而不能够覆盖表征内容，因此并不能覆盖心理特征的全部。

四　现象意识与表征的关系是怎样的

既然现象意识和表征是可分离的，那么我们目前可以排除强表征主义的基本论断，即所有现象意识都是表征。但这仅仅意味着现象意识并不等同于表征。我认为，现象意识和表征二者属于不同的心灵方面，有一定的相互独立性。然而，从心灵的运行和功能的角度，现象意识和表征之间虽然可分离，却不表明它们之间没有相互作用。比如，尽管情绪不是表征，但其与表征性的记忆仍然可以合作且相互影响。

现象意识本身没有认知功能。现象意识有提醒等功能。比如，当我们感到疼痛的时候，我们会尝试使用知觉、记忆等表征来帮助我们发现疼痛的来源，去发现疼痛到底是来源于外界事物（如一个尖锐的物体），还是来源于内在的身体器官的问题（如肠胃的炎症）等。但正如我们在上一小部分所探讨的那样，现象性不是经验的全部，更不是心灵的全部。

现象意识和表征只是心灵的不同方面，我们不需要让它们互相取代或者用其中一方来解释另一方。我们所关注的心理现象中，有的纯粹只有现象意识的方面，有的则只能被表征更好地刻画，还有的虽然核心部分是表征，但也常常伴随现象意识。表征既有主观性，也有相当程度的客观性，而现象意识则以主观性为基本特征，几乎不具备认知意义上的客观性。

但情绪和身体感觉作为感受，本身确实不具备认知内涵，但认知与身体感觉、情绪之间是能够相互影响甚至有因果关系的。比如，前文例子中的抑郁者，其抑郁便与想象这种认知性表征有关。可见，抑郁情绪作为现象意识和表征之间是有关联的，它们可以有引起或被引起的关系或因果关系。

本章小结

本章中，对于可能出现的质疑和对于本书可能存在的问题，我做了一些总结。我认为，感觉不到的感觉不能按照字面意思来理解，从而认为存在缺乏感受性的感觉，而是应该将其理解为没有被主体反思或觉察到的感觉。现象意识并不具备表征内容，因此也无所谓其是否有概念性的问题。婴儿和动物也具有现象意识，但显然不具有概念认知能力。那种特定的感觉不能覆盖心理性的全部，表征（尤其是表征内容）也是心理性的一个重要方面。现象意识和表征更多地意指心灵的不同方面。现象意识和表征之间虽然不能等同，且是相互独立的，但二者之间依然可以有不同程度的合作关系甚至因果关系。因此，从心灵的不同功能上看，现象意识和表征的功能不同，但二者的功能对于心灵这个整体来说共同起作用。

结　　论

心灵哲学早已过了行为主义时代①。如今，我们承认有内在的心理过程，也承认心理世界的极尽丰富。而这种内在心理过程究竟有多复杂，或许仍然远超我们的想象。虽然像强表征主义那样的哲学立场，将他们所谓现象意识统统划归给了表征，满足了简单性、便利性、自然化等不少哲学家愿意看到的理论特征，但对心灵的统一化解释在我们对心灵仍有相当未知的情况下，未必能够给出真正正确的分析。至少，通过本书的讨论，我们看到，身体感觉和情绪因其有那种特别的感觉，所以属于现象意识，但却并不是表征。与此同时，表征如思想、记忆等，其表征内容却并不具有那种特别的感觉。这就意味着，现象意识和表征在基本特征上有差别，因而是可分离的。

在此过程中，我们对身体感觉和情绪的本质做出了更完善的讨论和分析。我对身体感觉尤其是疼痛这一典型例子做出了探讨，最终指出，疼痛等身体感觉不是表征。此外，我也对情绪尤其是焦虑、抑郁这两种情绪做了讨论。通过分析，我论证了焦

---

① 尽管这既不意味着行为主义在今天没有支持者，也不意味着行为表现作为考察心理状态的一个参考方面被完全抛弃。事实上，新近文献中，有学者明确表示，行为表现是衡量主体心理的一个重要和直接的工具（这里的直接是指，被试在以行为表现做出反馈时是十分迅速和自然的），只不过这种衡量方式要与主体的主观方面结合起来。（Jonkisz, 2022）

虑、抑郁等情绪也不是表征。由此可见，身体感觉、情绪都是强表征主义的反例，因为它们都不是表征。但是，它们因为都具备那种特定的感觉，因而仍属于现象意识。

强表征主义认为，除了身体感觉和情绪，知觉和情感也是现象意识。但通过考察，我们发现，存在无现象意识的知觉和情感。因此，似乎知觉和情感不能被简单划归为现象意识。在此意义上，我对强表征主义对于现象意识种类的划分也提出了异议。应该说，知觉和情感虽然常伴随现象意识，但它们的核心特征是表征，也都满足表征的基本特征。而无现象意识的知觉表征、无现象意识的情感表征、无现象意识的思想表征和记忆表征，也都支持了这样一种观点，即现象意识和表征之间有相对独立性，是可以相互分离的。证明现象意识和表征的可分离性有其独特的意义。这不仅是针对强表征主义的反驳，同时也是针对其他可能（如认知现象性或其他试图以认知来界定现象意识的尝试）的反驳。

现象意识和表征确实存在特征上的区别。现象意识主要表现为主观性，而表征则既有主观性，也有客观性。表征包含着认知内涵，而现象意识则不然。从这些方面来看，二者有着相互独立的功能。不过，现象意识和表征虽然是可分离的，但二者仍有在独立表现和功能基础上的相互作用。现象意识和表征的可分离性，也并不是要让事情复杂化，更不意味着排斥科学解释。而是，当我们认识到现象意识和表征是可分离的时候，我们至少应该明白，心灵的不同层面、不同功能以及心灵的复杂程度，应该被我们特别关注和考虑。

我的最终观点是，无论是现象意识还是表征，都应该被看作我们心灵的某一方面。这两个方面本质上是不同的，其中一个不可以被简单地还原为另一个。而且，即便从这样两个不同的、大的方面来理解心灵，在我看来都有简单化之嫌，更不必说那种将心灵的所有表现都划归为一个种类的尝试。这倒不是说简单不好。也许大卫·刘易斯（David Lewis）所说的一句话能够在这里提供一点支持。他说："可简单性是个品味问题，况且一处的简单性会以另一处失掉简单性为代价。"（Lewis，1970，19－20）①对简单性的追求是我们解释事物并还原真善美的一种途径，但它并不是唯一的途径，尤其对于我们复杂的心灵生活而言。

---

① 弗洛伊德也曾说过："最简单的解释不常是真确的，真理常常为非简单的。"（弗洛伊德，2018a，29）

参考文献

一 中文文献

［英］沙玛什·阿里迪纳：《正念冥想：遇见更好的自己》，赵经纬译，人民邮电出版社 2019 年版。

［美］戴维·巴斯：《进化心理学》，张勇、蒋柯译，商务印书馆 2020 年版。

［美］阿伦·贝克、布拉德·奥尔福德：《抑郁症》，杨芳等译，机械工业出版社 2014 年版。

陈蓉霞：“导读”，载［英］达尔文《人类和动物的表情》，周邦立译，北京大学出版社 2009 年版。

［英］达尔文：《人类和动物的表情》，周邦立译，北京大学出版社 2009 年版。

［意］法布里奇奥·迪唐纳：《正念疗法：认知行为疗法的第三次浪潮》，郭书彩、范青、陆璐等译，人民邮电出版社 2021 年版。

［奥］弗洛伊德：《精神分析引论》，高觉敷译，商务印书馆 2016 年版。

［奥］弗洛伊德：《精神分析引论新编》，高觉敷译，商务印书馆 2018 年版 a。

［奥］弗洛伊德：《释梦》，孙名之译，商务印书馆 2018 年版 b。

傅小兰：《情绪心理学》，华东师范大学出版社 2016 年版。

［美］布鲁斯·戈尔茨坦：《认知心理学：心智、研究与你的生活》，

张明等译，中国轻工业出版社 2015 年版。

［澳］彼得·戈弗雷-史密斯：《章鱼的心灵》，黄颖译，九州出版社 2021 年版。

［美］理查德·格里格，菲利普·津巴多：《心理学与生活》，王垒等译，人民邮电出版社 2016 年版。

郭召良：《认知行为疗法入门》，人民邮电出版社 2020 年版。

［美］凯瑟琳·加洛蒂：《认知心理学：认知科学与你的生活》，吴国宏等译，机械工业出版社 2015 年版。

［爱］阿兰·卡尔：《积极心理学》，丁丹等译，中国轻工业出版社 2013 年版。

刘翔平：《积极心理学》，中国人民大学出版社 2018 年版。

［美］迈克尔·刘易斯、珍妮特·M. 哈维兰-琼斯、莉莎·费尔德曼·巴雷特：《情绪心理学》，南莎译，电子工业出版社 2015 年版。

［美］玛格丽特·马特林：《认知心理学：理论、研究和应用》，李永娜译，机械工业出版社 2016 年版。

［美］美国精神医学学会：《精神障碍诊断与统计手册》（DSM）（第五版），张道龙等译，北京大学出版社 2016 年版。

彭聃龄：《普通心理学》，北京师范大学出版社 2004 年版。

［美］布里奇特·罗宾逊-瑞格勒、格雷戈里·罗宾逊-瑞格勒：《认知心理学》，凌春秀译，人民邮电出版社 2020 年版。

［美］马丁·塞利格曼等：《教出乐观的孩子：让孩子受用一生的幸福经典》，洪莉译，北京联合出版公司 2017 年版。

［美］马丁·塞利格曼：《真实的幸福》，洪兰译，浙江教育出版社 2020 年版 a。

［美］马丁·塞利格曼：《认识自己，接纳自己》，任俊译，浙江教育出版社 2020 年版 b。

［美］马丁·塞利格曼：《活出最乐观的自己》，洪兰译，浙江教育出版社 2021 年版。

［美］米歇尔·N. 施塔、詹姆斯·W. 卡拉特：《情绪心理学》，周仁来等译，中国轻工业出版社 2015 年版。

［澳］C. R. 斯奈德、沙恩·洛佩斯：《积极心理学》，王彦，席居哲，王艳梅译，人民邮电出版社 2013 年版。

［美］罗伯特·J. 斯腾伯格、卡琳·斯腾伯格：《认知心理学》，邵志芳译，中国轻工业出版社 2016 年版。

王甦，汪安圣：《认知心理学》，北京大学出版社 1992 年版。

［澳］彼得·辛格：《动物解放》，祖述宪译，中信出版集团 2018 年版。

二　西文文献

David M. Armstrong, *Bodily Sensations*, London: Routledge & Kegan Paul Limited. 1962.

Malika Auvray & Erik Myin, "Perception With Compensatory Devices: From Sensory Substitution to Sensorimotor Extension", *Cognitive Science*, 33: 1036 – 1058. 2009.

Murat Aydede, "The Main Difficulty with Pain", in Aydede (ed.) *Pain: New Essays on Its Nature and the Methodology of its Study*, The MIT Press, 123 – 136. 2005.

—— "Is Feeling Pain the Perception of Something?", *Journal of Philosophy*, 106 (10): 531 – 567. 2009.

—— "Is the experience of pain transparent? Introspecting phenomenal qualities", *Synthese*, 196: 677 – 708. 2019.

Murat Aydede & Güven Güzeldere, "Some Foundational Problems in the Scientific Study of Pain", *Philosophy of Science*, 69 (S3): 265 –

283. 2002.

Paul B. Baltes & Margret M. Baltes, "Psychological perspectives on successful aging: The model of selective optimization with compensation", in Baltes & Baltes (eds.) *Successful Aging*, Cambridge University Press, 1 – 34. 1990.

Luca Barlassina & Max K. Hayward, "More of me! Less of me!: Reflexive imperativism about affective phenomenal character", *Mind*, 128 (512): 1013 – 1044. 2019.

Lisa F. Barrett, James Gross, Tamlin C. Christensen & Michael Benvenuto, "Knowing what you' re feeling and knowing what to do about it: Mapping the relation between emotion differentiation and emotion regulation", *Cognition and Emotion*, 15 (6): 713 – 724. 2001.

Linda Bartoshuk & Derek J. Snyder, "The Affect of Taste and Olfaction", in Barrett, Lewis & Haviland-Jones (eds.) *Handbook of Emotions*, 235 – 252. 2016.

Maciej Behnke, Sylvia D. Kreibig, Lukasz D. Kaczmarek, Mark Assink & James J. Gross, "Autonomic Nervous System Activity During Positive Emotions: A Meta-Analytic Review", *Emotion Review*, 14 (2): 132 – 160. 2022.

Kent C. Berridge & Piotr Winkielman, "What is an unconscious emotion? (The case for unconscious 'liking')", *Cognition and Emotion*, 17 (2): 181 – 211. 2003.

Stephen Biggs, Mohan Matthen & Dustin Stokes, "Sorting the Senses", in Strokes, Matthen, Biggs (eds.) *Perception and Its Modalities*, Oxford University Press, 1 – 19. 2015.

Jonathan Birch, "The search for invertebrate consciousness", *Noûs*, 56: 133 – 153. 2022.

Ned Block, "Introduction. What Is Philosophy of Psychology?", in Block (ed.) *Readings in Philosophy of Psychology*, Volume 1, Harvard University Press, 1 – 8. 1980a.

—— "Troubles with Functionalism", in Block (ed.) *Readings in Philosophy of Psychology*, Volume 1, Harvard University Press, 268 – 305. 1980b.

—— "On a Confusion About a Function of Consciousness", *Behavioral and Brain Sciences*, 18 (2): 227 – 247. 1995.

—— "Bodily Sensations as an Obstacle for Representationism", in Aydede (ed.) *Pain: New Essays on Its Nature and the Methodology of Its Study*, The MIT Press, 137 – 142. 2005.

Gwen Bradford, "Consciousness and welfare subjectivity", 16 September, 1 – 17. 2022.

Jessica Brown, *Anti-Individualism and Knowledge*, The MIT Press. 2004.

Roger Brown & James Kulick, "Flashbulb memories", *Cognition*, 5: 73 – 99. 1977.

Tyler Burge, "Individualism and the Mental", *Midwest Studies in Philosophy* 4 (1): 73 – 122. 1979.

—— "Individualism and Self-Knowledge", *The Journal of Philosophy*, 85 (No. 11) (Nov., 1988): 649 – 663, 1988.

—— "Postscript to 'Individualism and the Mental'", in Burge *Foundations of Mind*, Oxford University Press, 151 – 181. 2007.

——*Origins of Objectivity*, Oxford University Press. 2010a.

—— "Origins of Perception". *Disputatio*, 4 (29): 1 – 38. 2010b.

Alex Byrne, "Intentionalism Defended", *Philosophical Review*, 110: 199 – 240. 2001.

Walter B. Cannon, *Bodily changes in pain, hunger, fear and rage: An account of recent researches into the function of emotional excitement*, Alpha Editions. 2019.

Susan Carey, *The origin of Concepts*, Oxford University Press. 2009.

Peter Carruthers & Bénédicte Veillet, "The Case Against Cognitive Phenomenology", in Bayne & Montague (eds.) *Cognitive Phenomenology*, Oxford University Press, 35 – 56. 2011.

Laura L. Carstensen "Social and emotional patterns in adulthood: support for socioemotional selectivity theory", *Psychology and Aging*, 7 (3): 331 – 338. 1992.

David J. Chalmers, "Facing up to the Problem of Consciousness", *Journal of Consciousness Studies* 2 (3): 200 – 219. 1995.

——*The Conscious Mind: In Search of a Fundamental Theory*, Oxford University Press. 1996.

A. D (Bud) Craig, "Interoception and Emotion", in Barrett, Lewis & Haviland-Jones (eds.) *Handbook of Emotions*, 215 – 234. 2016.

Antonio Damasio, *Descarte' s Error: Emotion, Reason and the Human Brain*, Vintage Books, 1994.

Donald Davidson, "Mental Events", in Block (ed.) *Readings in Philosophy of Psychology*, Volume 1, Harvard University Press, 107 – 119. 1980.

Daniel C. Dennett, "Quining Qualia", in Marcel & Bisiach (eds.) *Consciousness in Contemporary Science*, Oxford University Press, 42 – 77. 1992.

Fred Dretske, *Naturalizing the Mind*, The MIT Press. 1995.

Paul Ekman, Wallace V. Friesen & Phoebe Ellsworth, *Emotion in the Human Face*, Elsevier Inc. 1972.

Jerry A. Fodor, *Psychosemantics: The Problem of Meaning in the Philosophy of Mind*, The MIT Press. 1987.

Tim Van Gelder, "What Might Cognition Be, If Not Computation?",

The Journal of Philosophy, 92（7）: 345 – 381. 1995.

Jamie L. Goldenberg, Tom Pyszczynski, Jeff Greenberg, Sheldon Solomon, Benjamin Kluck&Robin Cornwell, "I Am Not an Animal: Mortality Salience, Disgust, and the Denial of Human Creatureliness", *Journal of Experimental Psychology: General*: 130（3）, 427 – 435. 2001.

Peter Goldie, *The Emotions: A Philosophical Exploration*, Oxford University Press. 2000.

Alan H. Goldman, "Plain Sex", *Philosophy and Public Affairs*, 6（3）: 267 – 287. 1977.

Jeffrey A. Gray, "The neuropsychology of anxiety", *British journal of psychology*, 69: 417 – 434. 1978.

Ori Hacohen, "What Are Neural Representations? A Cummins Functions Approach", *Philosophy of Science*, 89: 701 – 720. 2022.

Jonathan Haidt & Dacher Keltner, "Culture and Facial Expression: Open-ended Methods Find More Expressions and a Gradient of Recognition", *Cognition and Emotion*, 13（3）: 225 – 266. 1999.

Gilbert Harman, "The intrinsic Quality of Experience", *Philosophical Perspectives*, 4: 31 – 52. 1990.

Chirs Heathwood, "Happiness and Desire Satisfaction", *Noûs*, 56（1）: 57 – 83. 2022.

Hannah C. Heims, Hugo D. Critchley, Ray Dolan, Christopher J. Mathias, Lisa & Cipolotti, "Social and motivational functioning is not critically dependent on feedback of autonomic responses: neuropsychological evidence from patients with pure autonomic failure", *Neuropsychologia*, 42: 1979 – 1988. 2004.

Jeannette M. Haviland-Jones, Patricia Wilson & Robin Freyberg, "Explicit and Implicit Emotional Processing", in Barrett, Lewis & Havil-and-Jones (eds.) *Handbook of Emotions*, 199 – 214. 2016.

Hermann VonHelmholtz, *Treatise on Physiological Optics*, Volume III, Dover Publications, Inc. 1962.

Arlie R. Hochschild, *The managed heart: Commercialization of human feeling*. Berkeley: University of California Press. 1983.

Terry Horgan, "From Agentive Phenomenology to Cognitive Phenomenology: A Guide for the Perplexed", in Bayne & Montague (eds.) *Cognitive Phenomenology*, Oxford University Press, 57 – 78. 2011.

Hilla Jacobson, "Killing the Messenger: Representationalism and the painfulness of Pain", *Philosophical Quarterly*, 63 (252): 509 – 519. 2013.

William James, *The Principles of Psychology*, Volume 2, China Social Sciences Publishing House, Chengcheng Books LTD., reprinted from the English Edition by Mcmillan and Co., Ltd. 1907.

Jakub Jonkisz, "What Makes Behavioral Measures of Consciousness Subjective and Direct?", *Philosophy of Science*, 89 (4): 683 – 700. 2022.

Janice K. Kiecolt-Glaser, Jennifer E. Graham, William B. Malarkey, Kyle Porter, Stanley Lemeshow, and Ronald Glaser, "Olfactory Influences on Mood and Autonomic, Endocrine, and Immune Function", *Psychoneuroendocrinology*, 33 (3): 328 – 339. 2008.

Amy Kind, "The Case Against Representationalism about Moods", in Kriegel (ed.) *Current Controversies in Philosophy of Mind*, Routledge, 113 – 134. 2014.

Stephen M. Kosslyn, *Image and Mind*, Harvard University Press. 1980.

Sylvia D. Kreibig, "Autonomic nervous system activity in emotion: A review", *Biological Psychology*, 84 (3): 394 – 421. 2010.

Saul Kripke, *Naming and Necessity*, Blackwell Publishing. 1972.

Damien P. Kuffler, "Coping with Phantom Limb Pain", *Molecular Neuro-biology*, 55 (1): 70 – 84. 2018.

Gisela Labouvie-Vief, *Integrating Emotions and Cognition Throughout the Lifespan*, Springer, 2015.

Michael Lacewing, "Do Unconscious Emotions Involve Unconscious Feelings?" *Philosophical Psychology*, 20 (1): 81 – 104. 2007.

James R. Lackner & Merrill F. Garrett "Resolving Ambiguity: Effects of Biasing Context in the Unattended Ear", *Cognition* 1 (4): 359 – 372. 1972.

M. Powell Lawton, "Emotion in Later Life", *Current Directions in Psychological Science*, 10 (4): 120 – 123. 2001.

Joseph Levine, "Materialism and Qualia: The Explanatory Gap", *Pacific Philosophical Quarterly*, 64 (10): 354 – 361. 1983.

——*Purple Haze: The Puzzle of Consciousness*, Oxford University Press. 2001.

David Lewis, "General Semantics", *Synthese*, 22 (1/2): 18 – 67. 1970.

George Loewenstein, Ted O' Donoghue & Matthew Rabin, "Projection Bias in Predicting Future Utility", *Quarterly Journal of Economics*, 118 (4): 1209 – 1248. 2003.

Colin McGinn, *The Character of Mind.* Oxford: Oxford University Press. 1982.

——*The Meaning of Disgust*, Oxford University Press. 2011.

David Marr, *Vision*, The MIT Press. 2010.

Ronald Melzack, "Gate control theory: On the evolution of pain concepts", *Pain Forum*, 5 (2): 128 – 138. 1996.

—— "Pain and the Neuromatrix in the Brain", *Journal of Dental Education*, 65 (12): 1378 – 1382. 2001.

Ronald Melzack & Patrick D. Wall, "Pain Mechanisms: A New Theory", *Science*, New Series, Nov 19, 150 (3699): 971 – 979. 1965.

Angela Mendelovici, "Pure Intentionalism about Moods and Emotions", in Kriegel (ed.) *Current Controversies in Philosophy of Mind*, Routledge, 135 – 157. 2014.

Ruth G. Millikan, "Biosemantics", *The Journal of Philosophy*, 86 (6): 281 – 297. 1989.

Michael McKinsey, "Anti-Individualism and Privileged Access", *Analysis*, 51 (1): 9 – 16. 1991.

Michelle Montague, "Cognitive Phenomenology and Conscious Thought", *Phenomenology and the Cognitive Sciences*, 15 (2): 167 – 181. 2016.

Alex Morgan & Gualtiero Piccinini, "Towards a Cognitive Neuroscience of Intentionality", *Minds & Machines*, 28: 119 – 139. 2018.

Seiriol Morgan, "Dark Desires", *Ethical Theory and Moral Practice*, 6 (4): 377 – 410. 2003a.

—— "Sex in the Head", *Journal of Applied Philosophy*, 20 (1): 1 – 16. 2003b.

Jessie Munton, "How to See Invisible Objects", *Noûs*, 56 (2): 343 – 365. 2022.

Thomas Nagel, "What is it Like to Be a Bat?", *Philosophical review*, 83 (10): 435 – 450. 1974.

—— "Sexual Perversion", *The Journal of Philosophy*, 66 (1): 5 – 17. 1969.

Joseph Neisser, "What Subjectivity Is Not?", *Topoi*, 36: 41 – 53. 2017.

Norton Nelkin. "Pains and Pain Sensations", *The Journal of Philoso-*

phy，（83）3：129 – 148. 1986.

—— "Unconscious sensations"，*Philosophical Psychology*，2（2）：129 – 141. 1989.

Allen Newell & Herbert A. Simon，*Human Problem Solving*，Echo Point Books & Media，LLC. 2019.

Susan Nolen-Hoeksema，Judith Larson & Carla Grayson，"Explaining the gender difference in depressive symptoms"，*Journal of Personality and Social Psychology*，77（5）：1061 – 1072. 1999.

Stephen E. Palmer，*Vision Science：Photons to Phenomenology*，The MIT Press. 1999.

David Papineau，*Thinking about Consciousness*，Oxford University Press. 2002.

Brian Parkinson，"Piecing Together Emotion：Sites and Time-Scales for Social Construction"，*Emotion Review*，4（3）：291 – 298. 2012.

Christopher Peacocke，"Sensation and the Content of Experience：A Distinction"，in Chalmers（ed.）*Philosophy of Mind：Classical and Contemporary Readings. Oxford University Press*，435 – 446. 2002.

Karl H. Pribram，"Feelings as Monitors"，in Arnold（ed.）*Feelings and Emotions*，Academic Press，41 – 53. 1970.

Jesse J. Prinz，"The sensory basis of cognitive phenomenology"，in Bayne & Montague（eds.）*Cognitive Phenomenology*，Oxford University Press，174 – 196. 2011.

Hillary Putnam，"The Meaning of 'Meaning'"，*Minnesota Studies in the Philosophy of Science* 7：131 – 193. 1975.

Zenon W. Pylyshyn，"The Imagery Debate：Analog Media versus Tacit Knowledge"，*Psychological Review*，88（1）：16 – 45. 1981.

Srinivasa N. Raja，Daniel B. Carr，Milton Cohen，Nanna B. Finnerup；

Herta Flor, Stephen Gibson, Francis J. Keefe, Jeffrey S. Mogil, Matthias Ringkamp, Kathleen A. Sluka, Xue-Jun Song, Bonnie Stevens, Mark D. Sullivan, Perri R. Tutelman, Takahiro Ushida & Kyle Vader, "The revised International Association for the Study of Pain definition of pain: concepts, challenges, and compromises", *Pain*, 161 (9): 1976 – 1982, 2020.

Richard Rorty, *Philosophy and the Mirror of Nature*, Pinceton University Press. 1979.

Ericka L. Rosenberg, "Levels of Analysis and the Organization of Affect", *Review of General Psychology*, 2: 247 – 270. 1998.

David M. Rosenthal, "Explaining Consciousness", in Chalmers (ed.) *Philosophy of Mind: Classical and Contemporary Readings. Oxford University Press*, 406 – 421. 2002.

Mark Rowlands, *Animals like us*, Verso. 2002.

James A. Russell, "Core Affect and the Psychological Construction of Emotion", *Psychological Review*, 110 (1): 145 – 172. 2003.

—— "Emotion, core affect, and psychological construction", *Cognition and Emotion*, 23 (7): 1259 – 1283. 2009.

John R. Searle. *Intentionality: An Essay in the Philosophy of Mind*, Cambridge University Press. 1983.

Susanna Siegel, *The Contents of Visual Experience*, Oxford University Press. 2010.

Martin E. P. Seligman & Steven F. Maier, "Failure to Escape Traumatic Shock", *Journal of Experimental Psychology*, 74 (1): 1 – 9. 1967.

Joshua H. Siegle & William H Warren, "Distal Attribution and Distance Perception in Sensory Substitution", *Perception*, 39: 208 – 223. 2010.

Peter Godfrey-Smith, "Varieties of Subjectivity", *Philosophy of Science*,

87（5）：1150 – 1159. 2020.

Robert C. Stalnaker, *Inquiry*, The MIT Press. 1987.

Bishnu Subedi & George T. Grossberg, "Phantom Limb Pain: Mechanisms and Treatment Approaches", *Pain Research and Treatment*, (4): 864605. 2011.

Michael Thau, *Consciousness and Cognition: United Account*, Oxford University Press. 2002.

Anne Treisman, "Features and Objects in Visual Processing", *Scientific American*, 255 (5): 114B – 125. 1986.

Michael Tye, *Ten Problems of Consciousness: A Representational Theory of the Phenomenal Mind*, The MIT Press. 1995.

—— "AnotherLook at Representationalism and Pain", in Aydede (ed.) *Pain: New Essays on Its Nature and the Methodology of Its Study*, The MIT Press, 99 – 120. 2005a.

—— "In Defense of Representationalism: Reply to Commentaries", in Aydede (ed.) *Pain: New Essays on Its Nature and the Methodology of Its Study*, The MIT Press, 163 – 175. 2005b.

Michael Tye & Briggs Wright, "Is There a Phenomenology of Thought?", in Bayne & Montague (eds.) *Cognitive Phenomenology*, Oxford University Press, 326 – 344. 2011.

Max Velmans, "Is Human Information Processing Conscious?", *Behavioral and Brain Sciences*, 14 (4): 651 – 726. 1991.

—— "How Could Conscious Experiences Affect Brains?", *Journal of Consciousness Studies*, 9 (11): 3 – 29. 2002.

Daniel M. Wegner, David J. Schneider, Samuel R. Carter & Teri L. White, "Paradoxical effects of thought suppression", 53 (1): 5 – 13. 1987.

Michał Wierzchoń, , Borysław Paulewicz, Dariusz Asanowicz, Bert Timmermans & Axel Cleeremans, "Different Subjective Awareness Measures Demonstrate the Influence of Visual Identification on Perceptual Awareness Ratings." *Consciousness and Cognition*, 27: 109 – 120. 2014.

Kathleen V. Wikes, "——, yìshì, duh, um, and consciousness", in Marcel & Bisiach (eds.) *Consciousness in Contemporary Science*, Oxford Science Publications, 16 – 41. 1992.

Delia G. Wilcher, Ivan Chernev & Kun Yan, "Combined mirror visual and auditory feedback therapy for upper limb phantom pain: a case report", *Journal of Medical Case Reports*, volume 5 (1): 41. 2011.

Piotr Winkielman & Kent C. Berridge, "Unconscious Emotion", *Current Directions in Psychological Science*, 13 (3): 120 – 123. 2004.

Paul T. Young, *Motivation and Emotion*, Wiley. 1961.

后　记

　　儿时的梦想是成为一名作家。如今恍然过去三十多载，这本书的出版，也算是我梦想的某种实现。不过，相比浪漫的文学创作，学术写作显然要更加严肃，更令一般人感到不可企及。这大概是由于其所涉及的主题、论证和写作形式，都强烈地带有专业领域风格，也需要经年累月积攒起来的专业知识背景。不过，这并不意味着学术写作不能触及真实的生活。相反，任何学术写作都可以深刻地谈论生活、诠释生活，并为各种生活问题提供特有的解决方案。我也希望本书能在学术维度之外，具备这样的功能。

　　这本书的实际完成过程，比它看似花费的时间更久。因为书中的不少想法，大约在十年前就已经开始在我的头脑中孕育。然而，要使得这些想法以融贯的方式出现并相互支持，委实不易。对于一名学者来说，一个小的观点也许容易提出，但更多小的观点之间是否相互支撑（而非互相冲突），它们是否共同构成更大的学术观点，其实极为重要。与此同时，学术界已有的选择又是如此之多。相对容易的路径，往往是从现有的选择中寻找自己所赞同的立场，对那种立场加以辩护甚至升级，这其中也免不了伴随着对其他立场的反对。相对困难的途径，则是尽力地拨开人迹罕至的荆棘地带，发现一条新路，并花费数年的时间将其打磨成一条看起来还过得去的路，从而也变成公共的可选项之一。相比前者，我更为钦佩后者，也更期望接近后者。

写作是种孤独的人生体验。写一本学术著作，犹如一次漫长的独自旅行。可这件事的魅力恰恰来源于此。在一场只有自己的勇敢冒险中，探索的乐趣、思考的艰苦、诸多难以短时逾越的障碍，最后都会变成不足为外人道的美好经历。就像任何一种极致体验，它轻而易举地就会让你失语，而试图以语言向别人分享那种体验也总是难尽其妙。这仅仅是就写作本身而言。事实上，构思和完善本书的整个过程，并非完全"自我"的过程。学术框架和规范、前辈的指点、同行的评议、来自不同视角的智力刺激、生活中表面上与这本书无甚关联的大小事件，都会或多或少地对它产生影响，并以某种方式嵌入进去。

我感谢身边许多志同道合的学者朋友们。在一些学术场合中，我所做的相关报告收到了各种有益的反馈。以其他途径获得的评价也都弥足珍贵。同行朋友的"直言不讳"正是我所需要的。这乃是学术友谊的题中之义。我记得并感激这些意见，并在本书中对这些意见进行了合适的消化和处理。

相比短小的文章，一部专著的完成离不开坚韧的意志、长期的阅读、对新进展的吸纳和应对能力、局部的分析能力和整体的把握能力。在写作本书的过程中，我在这些方面着意锻炼自己，并希望这种锻炼在结果上有所体现。即便如此，我依然觉得，如果时间更充裕的话，我还可以使它变得更好。

我特别感谢学院领导、同事以及家人对这本书的关心。他们时常会询问我的进度，并始终鼓励我。我的女儿嘟嘟认为我在进行一项重大的事业。有一天，她仰起小脸很认真地问我："妈妈，你可不可以把我写到你的书里面？"就像许多父母对孩子不经意的允诺那样，我答应了她。我想，这个愿望就在这里实现吧。毕竟，有许多个夜晚，她很不情愿地放弃了对我的依赖，坚定地选择支持我的工作。

　　我要诚挚地感谢本书的责任编辑朱华彬老师。与朱老师的合作一直愉快而顺畅。朱老师的细心、严谨和亲切令我印象深刻。与此同时，他也给予了我可贵的自由空间和充分的信任。遇到朱老师这样优秀的编辑是我的荣幸。我也感谢中国社会科学出版社所有帮助本书出版的编辑老师，他们的认真、敬业和负责，同样值得作者们学习。

蒋　薇

2023 年 6 月 21 日于西安曲江